Gestión de operaciones de almacenaje

Sergi Flamarique

Con la colaboración de:

Logis**net**
Cadena de suministro

www.logisnet.com

MAR**G**E
BOOKS

Índice

El autor

 **Sergi Flamarique** es un profesional con más de veinticinco años de experiencia gestión de operaciones, logística y cadena de suministro, tanto a nivel directivo como consultor. Está especializado en la implantación de estrategias y soluciones logísticas y operacionales en pymes, grandes empresas, y en sectores como la alimentación, la distribución, los servicios, las artes gráficas o el metalúrgico. En su formación académica, destaca el Máster en Logística Integral y Supply Chain Management cursado en la Fundación ICIL, el Máster ejecutivo en Dirección de Operaciones en EADA, el Curso superior en Administración y Dirección de Empresas en la Universidad Les Heures y el Máster de Coaching Social para la motivación y los procesos del cambio en Divulgación Dinámica y Formación. Asimismo, ejerce de formador en logística y cadena de suministro en instituciones públicas y privadas, y en empresas. Ha impartido cursos para obtener certificados de profesionalidad de nivel 1 y 3 y es autor de las obras *Gestión de operaciones de almacenaje* (2017 y *Flujos de mercancías en el almacén* (2018), ambas publicadas por Marge Books.

www.igrescat.com
s.flamarique@igrescat.com

Capítulo 1

Qué es un almacén

El almacén es un espacio delimitado que puede ser abierto, al aire libre (por ejemplo, una campa), o cubierto, sin paredes (por ejemplo, almacenes de materias primas, como arena o estiércol), con alguna pared o totalmente cerrado (por ejemplo, cámaras frigoríficas, cámaras de congelación, almacenes automáticos o archivos).

Los almacenes pueden ser recintos especialmente proyectados y construidos para dicho fin, pero en muchas ocasiones el almacenaje, su planificación y los flujos que genera se han de adaptar a edificios o recintos diseñados para otras funciones. En otros casos, la finalidad para la que ha sido ideado el recinto donde se emplaza el almacén se ha de modificar en función del producto almacenado, ya sea de su naturaleza, de su forma o de los requerimientos que exige su conservación.

El *Diccionario de logística*[1] define el almacén como: «Edificio, espacio o recinto especialmente proyectado, estructurado y planificado para recibir, almacenar, custodiar, proteger, controlar, manipular, reacondicionar y expedir productos, ya sean materias primas, productos semielaborados o terminados».

....

[1] ***Diccionario de logística***, David Soler, Marge Books, Barcelona, 2.ª edición, 2009.

El almacenaje de productos o materiales es una necesidad para la mayoría de las empresas industriales, comerciales o de servicios. En su actividad, estas organizaciones necesitan compensar los desequilibrios entre la oferta y la demanda de productos. Normalmente, estas no coinciden en cantidad y tiempo, ya sea por la demora en su producción, la distancia con respecto al cliente o la estacionalidad, entre otros motivos. De esta manera, el almacenamiento constituye un recurso para equilibrar las compras y las ventas mediante la regulación de los flujos de adquisiciones de materias primas o productos semielaborados y las entregas de los terminados a los clientes finales.

Con el fin de conseguir precios competitivos para sus productos, las empresas intentan que los costos de almacenamiento sean menores que el gasto que habría que repercutir en el precio del material o producto si el almacén no existiera. Para conseguir costos reducidos en un producto se suele buscar la mejor relación calidad-precio en los suministros, una producción mayor que abarate los costos por unidad del producto o un sistema de transporte consolidado, pero, para alcanzar un equilibrio positivo, también hay que tener siempre presente el costo del almacenaje.

Figura 1.1. Almacén de una empresa dedicada a operaciones logísticas de distribución.

Capítulo 2

Tipos de almacenes

Existen diferentes criterios para clasificar los almacenes, que no son excluyentes. Es posible que una tipología de almacén fluctúe y se pueda clasificar de modo distinto, dependiendo del criterio que se haya seguido para establecer la diferenciación.

Los criterios de clasificación del almacén pueden variar según el régimen jurídico de la infraestructura, las necesidades específicas de una empresa, su organización interna o la operativa y zona de influencia del almacén. Por otro lado, los almacenes también se pueden clasificar según su tipología, la sistemática o el grado de mecanización del almacenaje.

1 Según el régimen jurídico

El almacén puede estar sometido a diferentes regímenes jurídicos, que afectan al terreno donde está ubicado, la edificación o la estructura interna:

- **De propiedad:** la organización que lo utiliza es la propietaria de la infraestructura que incluye el terreno, las edificaciones y la estructura interna.

- **De alquiler:** la empresa usuaria paga mensualmente a un tercero por la cesión del terreno y la edificación mediante un contrato que se renueva de común acuerdo. Normalmente, el mantenimiento de la infraestructura va a cargo de la empresa que la alquila.

- **De *renting*:** la organización que lo utiliza paga mensualmente a un tercero por la cesión del terreno y la edificación durante un tiempo establecido en el contrato. La infraestructura interna del almacén puede estar incluida o no en el mismo. Habitualmente, el mantenimiento de la infraestructura va a cargo de la empresa arrendadora.

- **De arrendamiento financiero o *leasing*:** la empresa usuaria paga mensualmente a un tercero por la cesión del terreno y la edificación durante un tiempo establecido en el contrato. Al finalizar el mismo, la empresa ha de pagar un remanente, y la propiedad de la infraestructura pasa a ser suya. La infraestructura interna puede estar incluida o no en el contrato. Normalmente, el mantenimiento de la infraestructura va a cargo de la empresa que lo utiliza.

2   Según las necesidades de la empresa

El tipo de almacén depende en gran medida de la naturaleza de las mercancías que ha de almacenar la empresa que lo utiliza. Así, se encuentran almacenes de:

- **Materias primas:** son almacenes adaptados a las necesidades y características de los productos base que se utilizarán para producir otros artículos diferentes. Por ejemplo, almacenes de productos químicos para fabricar cosméticos o de arena para fabricar cemento. Son empleados por las empresas productoras o fabricantes.

- **Productos semielaborados:** se trata de almacenes preparados para guardar aquellos artículos que aún no han finalizado su recorrido en el proceso de producción y que, por lo tanto, no se consideran un producto acabado. Por ejemplo, las partes de un mueble que no conforman el producto final hasta que no se ensamblan. Son habituales en empresas fabricantes con procesos largos de producción.

- **Materiales consumibles:** son almacenes para productos auxiliares del producto final o para materiales de uso diario. Por ejemplo, los materiales de embalaje o de oficina, o los recambios para las máquinas . Todas las empresas y organizaciones tienen algún almacén de este tipo.

- **Productos finales o acabados**: son almacenes destinados a productos preparados para su entrega al cliente. Por ejemplo, los almacenes de productos congelados o de productos de ferretería, o las campas

Figura 2.1. Almacén de arena para la construcción.

de vehículos. Son utilizados por las empresas productoras, los distribuidores, los operadores logísticos y los comercios, entre otros.

- **Archivos**: son espacios destinados a guardar la documentación generada, recibida y enviada. En ellos se archivan, por ejemplo, las facturas de compra y venta, los albaranes, las nóminas, los contratos, la documentación técnica y los historiales clínicos o judiciales. Todas las empresas y organizaciones tienen como mínimo un archivo.

3   En función de la organización de la empresa

Según sus objetivos, la estructura organizativa de la empresa tendrá unas necesidades de almacenaje u otras:

- **De servicio:** son almacenes dedicados a albergar el producto mínimo necesario para un espacio corto de tiempo. También están incluidos los almacenes temporales ajenos, que se necesitan en ocasiones puntuales, ya sea por un exceso de producción, una recepción inesperada o la adquisición de un elevado volumen de productos que no puede ser asumido por los propios almacenes. Por ejemplo, los almacenes de los comercios o los restaurantes, y los de productos semielaborados.

- **De depósito:** se trata de almacenes preparados para albergar mercancías de empresas que necesitan un espacio de almacenamiento ajeno durante largos periodos de tiempo. Ejemplo de ello son los guardamuebles.

- **Logístico**: son almacenes preparados para una elevada rotación de productos de diferentes tipos. Han de disponer de varias funciones de almacenaje. Por ejemplo, el almacén de una empresa productora que necesita entradas y salidas para el desarrollo de su actividad, o los de las agencias de transporte, utilizados para agrupar mercancías que transportarán hacia un destino común.

- **Reguladores y de distribución**: son almacenes preparados para una elevada rotación de productos, con un área dedicada a la preparación de pedidos. Por ejemplo, los almacenes de operadores logísticos que distribuyen a comercios y supermercados.

4   En función de la operativa y de la zona de influencia

La estructura del almacén dependerá en buena medida de la ubicación de los clientes y de las cantidades mínimas de producto o mercancía que se expiden:

- **De primer nivel o centrales:** son centros con influencia a escala nacional e internacional, con salidas mínimas de palés completos (monoreferencia), que utilizan sistemas de transporte de larga distancia, como tráiler completo, contenedor marítimo, de carga aérea o ferrocarril.

- **De segundo nivel o centros de influencia regional**: son almacenes donde las salidas mínimas son palés completos (monoreferencia o multireferencia), con sistemas de transporte de larga o media distancia.

- **De tercer nivel o de tránsito**: se trata de plataformas de distribución de influencia regional. Son almacenes con mucha rotación de producto, entrada de palés completos (monoreferencia o mul-

Figura 2.2. Almacén de primer nivel o central.

tireferencia) y salida en cajas o unidades, a través de sistemas de transporte de media o corta distancia y distribución final.

- **De cuarto nivel o de barrio**: son pequeñas plataformas de distribución (miniplataformas) con un área de influencia muy reducida (un barrio o un distrito, por ejemplo), una gran rotación de productos en pequeñas cantidades, entradas y salidas en cajas o unidades y transporte de corta distancia.

5   En función de las características del almacén

Según el sistema de almacenaje, su automatización y la maquinaria utilizada, el almacén puede ser:

- **Convencional:** almacén de 6-7 m de altura, donde se utilizan carretillas contrapesadas o transpalés para el almacenaje en bloque

   GESTIÓN DE OPERACIONES DE ALMACENAJE

Figura 2.3. Almacén convencional.

o bien en estanterías convencionales, compactas o de doble profundidad.

- **De alta densidad:** almacén de 10-15 m de altura, donde se utilizan carretillas contrapesadas, trilaterales, sistemas semiautomáticos y estanterías convencionales, normalmente de profundidad simple.

- **Automático**: almacén de 20 m de altura o más, donde se utilizan transelevadores y sistemas automatizados, estanterías simples o de doble profundidad.

6   En función de la infraestructura necesaria

Dependiendo del tipo de producto y de las necesidades que garanticen su conservación y seguridad, el almacén puede ser:

- **Al aire libre**: para productos que puedan estar expuestos a las inclemencias del tiempo. Por ejemplo, campas de automóviles o recintos para materiales de construcción.

- **Edificio cubierto:** para productos que no pueden estar a la intemperie, como herramientas, maquinas o electrodomésticos.

- **Cámara de temperatura controlada** (normalmente entre 2 ºC y 8 ºC): destinada a productos perecederos que por su composición necesitan preservarse a bajas temperaturas. Por ejemplo, medicamentos, chocolate, carne o pescado fresco.

- **Cámara de congelación** (–20 ºC, aproximadamente): destinada a productos alimenticios que han de mantenerse congelados para preservar su integridad, calidad y cualidades. Por ejemplo, verduras, carne, helados, pescado congelado o marisco.

Figura 2.4. Almacén al aire libre o a los cuatro vientos.

- **Depósito:** para almacenar graneles líquidos, especialmente en la industria química, como el cloro.

- **Silos:** para guardar graneles sólidos, como cereales o cementos.

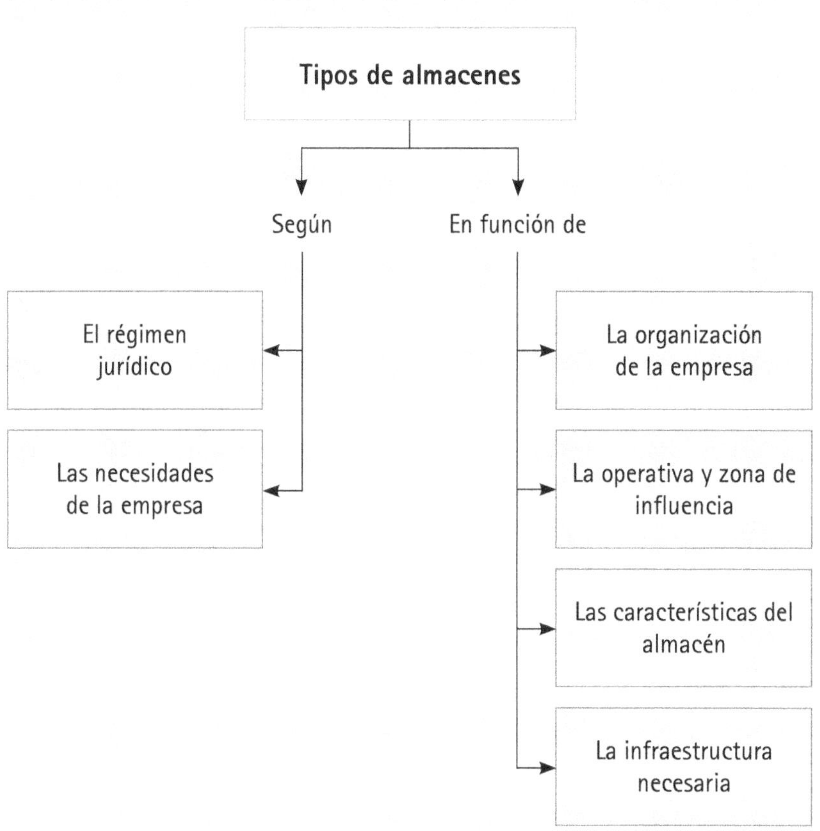

Capítulo 3

Métodos de almacenamiento y gestión de las existencias

1   Métodos de almacenamiento

Sirven para determinar cómo se ubican las mercancías entrantes en el almacén. Los sistemas de ordenación pueden ser ordenados o caóticos:

- **Almacén ordenado**

  En este tipo de almacén cada mercancía tiene asignado un espacio o unas ubicaciones predeterminadas y fijas. Normalmente son ubicaciones a medida o preparadas para la mercancía asignada. Este tipo de ordenación se puede encontrar o utilizar en pequeñas y medianas empresas, con pocas referencias de productos, cuyo mercado sea muy estable y con pocas variaciones.

- **Almacén caótico o de hueco libre**

  Son aquellos almacenes que asignan las ubicaciones a medida que se recibe la mercancía. Normalmente se trata de ubicaciones estandarizadas. Este método se utiliza en todo tipo de empresas, ya sean pequeñas, medianas o grandes, con muchas referencias, una elevada rotación y un mercado inestable o muy variado. Para ubicar cada producto pueden existir separaciones no físicas que facilitan su salida; por ejemplo, el sistema ABC, que se explica más adelante.

Una de las diferencias significativas entre estos dos métodos de almacenamiento es la necesidad de espacio extra. Un almacén ordenado requiere un 30 % más de espacio que uno caótico. El método más utilizado es el almacén caótico o de hueco libre, ya que el costo del espacio es normalmente alto, las empresas tienden a ajustar las existencias a las necesidades del mercado y el número de referencias puede ser elevado.

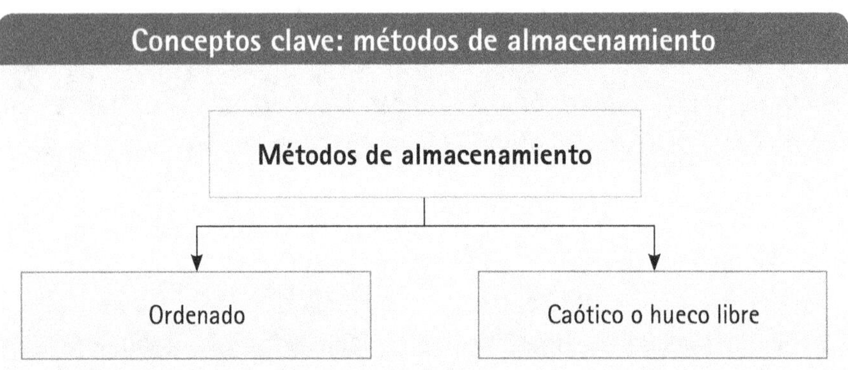

2 Gestión de las existencias

En la operativa global del almacén, se emplean tres sistemas de gestión de las existencias y de las salidas:

- **LI-FO** *(last in, first out* o «el último que entra es el primero que sale»)
  En este procedimiento, el producto recién entrado se ubica delante o encima del que ya se tenía almacenado. Cuando llega un pedido, se toma el producto que está más a mano, el primero que se encuentra y que normalmente coincide con el último que ha

entrado. Este sistema se puede emplear para el almacenaje en bloque, en estanterías convencionales de doble profundidad o en estanterías compactas *drive-in*, habitualmente para productos que
no tienen fecha de caducidad (es decir, cuyas cualidades no se
modifican con el paso del tiempo) y productos a granel. Ejemplos
de este tipo de productos son los materiales de construcción, el
vidrio o los materiales cerámicos.

- **FI-FO** *(first in, first out* **o «el primero que entra es el primero
  que sale»)**
  La última mercancía entrada se debe ubicar de manera que faci-
  lite la salida del producto con mayor antigüedad que se tenga en
  el almacén. Cuando llega un pedido de dicho producto, se debe
  tomar el más antiguo. El sistema FI-FO facilita la trazabilidad del
  artículo y reduce el almacenaje de productos obsoletos, al dar
  salida primero a los más antiguos. Para que la trazabilidad y
  la sistemática FI-FO funcionen de manera óptima, se deben utilizar sistemas de gestión corporativa (ERP) y de almacén (SGA). El
  sistema FI-FO se puede usar en todo tipo de almacenes y estanterías, pero no es conveniente para el almacenamiento en bloque,
  en estanterías compactas, ni en estanterías de doble profundidad,
  porque conllevaría una gran cantidad de movimientos que aumentarían el costo y el tiempo de las operaciones. Las estanterías
  dinámicas y las estanterías compactas *drive-through* están especialmente indicadas para este uso. La mayoría de los productos
  se pueden gestionar con el sistema FI-FO, ya que se basa en el
  riguroso orden de entrada, a excepción de los productos a granel,
  que requieren el sistema LI-FO, y de los productos con fecha de
  caducidad, que necesitan el sistema FE-FO. Normalmente a estos
  productos se les asigna un lote en el momento de su producción,
  para facilitar la trazabilidad. Por ejemplo, se encuentra en sectores como el de la automoción, la electrónica o la confección,

y contribuye a evitar que las empresas tengan en sus almacenes una gran cantidad de producto obsoleto.

- **FE-FO** *(first ended, first out* o «el primero que caduca es el primero que sale»)
  Cuando el producto llega al almacén, se debe comparar la fecha de caducidad o de consumo preferente con la misma referencia que ya haya almacenada y ubicarlo de manera que el producto que venza primero sea el que esté en primer término para la salida.

  Al llegar un pedido de dicho producto, se debe preparar el de la fecha de caducidad o de consumo preferente más próximo. Para que la trazabilidad y el sistema FE-FO funcionen de manera óptima, se deben utilizar sistemas de gestión corporativa (ERP) y de almacén (SGA). El sistema FE-FO se puede usar en todo tipo de almacenes y estanterías, pero no es conveniente aplicarlo en almacenes al aire libre, almacenamiento en bloque, estanterías compactas, ni en estanterías de doble profundidad, porque conllevaría una gran cantidad de movimientos que aumentarían el costo y el tiempo de las operaciones. Se puede emplear en estan-

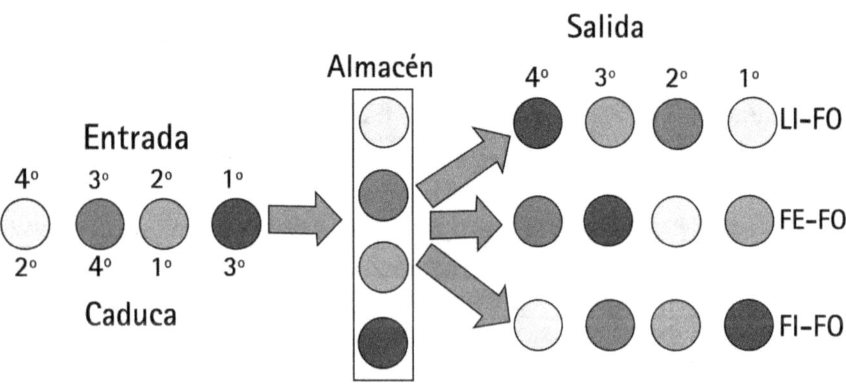

Figura 3.1. Comparativa de los diferentes tipos de gestión de existencias.

terías dinámicas y estanterías compactas *drive-through*, siempre que la entrada sea por orden de caducidad o fecha de consumo preferente. Este sistema está especialmente indicado para productos con fecha de caducidad o de consumo preferente, ya sean frescos, secos, congelados, farmacéuticos, cosméticos, sanitarios o bebidas, por ejemplo.

Los sistemas LI-FO, FI-FO y FE-FO se deben aplicar en función de las características de cada producto. Una de las opciones más utilizadas es la diferenciación por tipo de almacén, ya que el conjunto de productos almacenados en cada uno puede tener características y usabilidades parecidas. Por ejemplo, una empresa distribuidora del canal horeca, en el sector de la alimentación, puede tener:

- Un almacén para producto congelado o ultracongelado que funcione con un sistema FE-FO, por tratarse de productos con fecha de caducidad.
- Un segundo almacén para producto fresco, que funcione con el mismo sistema que el anterior, FE-FO. Por ser producto fresco, su caducidad es extrema y se ha de tener especial cuidado en evitar su permanencia en el almacén.
- Un tercer almacén a temperatura ambiente, donde se ubiquen elementos accesorios, como mobiliario, vajilla, cubertería, etc. y que funcione con un sistema LI-FO.

canal horeca

Horeca es el acrónimo de «hoteles, restaurantes y cafeterías», que también incluye las empresas de servicio de comida preparada *(catering)*.

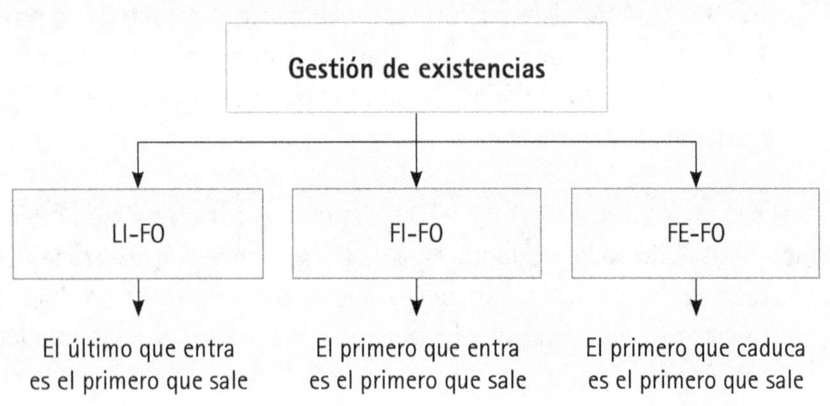

3 Clasificación ABC

En 1897, el sociólogo y economista italiano Vilfredo Pareto observó que el 20 % de las personas tenían el 80 % del poder político y económico, mientras que el resto, o sea, el 80 % de la población, solo tenía el 20 % del poder y de la riqueza. Es lo que actualmente se llama ley del 20/80 o ley de Pareto.

Esta ley es aplicable a todos los entornos, tanto empresariales como personales. A nivel de organización, se aplica especialmente en ámbitos como el control de calidad, las entradas, las salidas, la logística, la distribución o la gestión de inventarios:

- Aproximadamente el 20 % de los artículos en el almacén representa el 80 % del *stock* o existencias.
- Aproximadamente el 20 % de los productos representa el 80 % de las entradas.

- Aproximadamente el 20 % de los artículos representa el 80 % de las salidas.
- Aproximadamente el 20 % de los productos representa el 80 % de los movimientos en el almacén.

En toda organización dedicada a la producción de productos es necesario llevar a cabo una segmentación de los mismos con el objetivo de controlar, gestionar y facilitar sus movimientos, entradas, almacenaje y salidas de forma rigurosa, ágil, rápida y beneficiosa para la empresa. Por esa razón, a nivel organizativo, la ley de Pareto ha derivado a una segmentación mayor y más eficiente, la clasificación y análisis ABC. La clasificación ABC más común o base se divide de la siguiente forma:

- **Productos o artículos A,** de una rotación alta o muy alta. Normalmente constituyen entre el 15 % y 20 % de los artículos y representan entre el 60 % y 80 % de los movimientos, las ventas, los costos y el inventario.

- **Productos o artículos B,** con una rotación media. Normalmente constituyen entre el 25 % y 35 % de los productos y representan entre el 10 % y 20 % de los movimientos, las ventas, los costos y el inventario.

- **Productos o artículos C,** con una rotación baja o muy baja. Normalmente constituyen entre el 40 % y 60 % de los artículos y representan entre el 5 % y 10 % de los movimientos, las ventas, los costos y el inventario.

La clasificación ABC es un sistema abierto y moldeable; y puede representarse gráficamente como se ve en la figura 3.2.

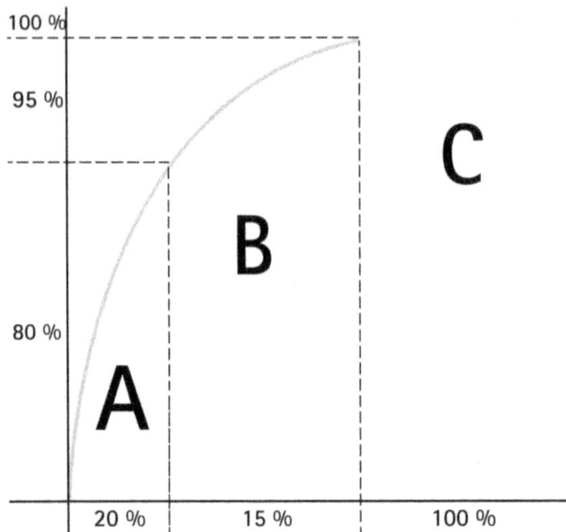

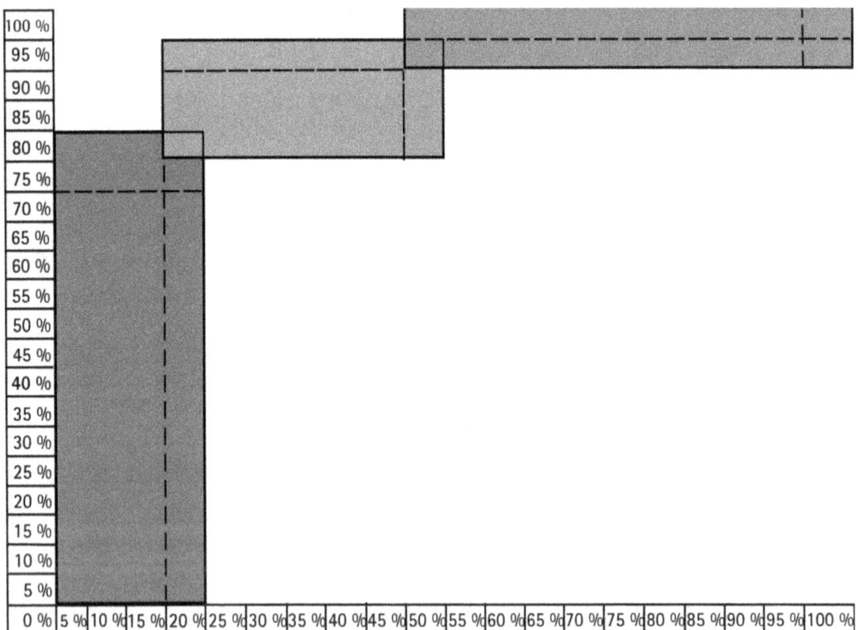

Figura 3.2. Representaciones gráficas de la clasificación ABC.

Las organizaciones lo aplican con diferentes variantes según sus necesidades. Por ejemplo, es utilizado por aquellas empresas que buscan una mayor segmentación de sus productos, ya sea por la parte superior, la parte inferior o las dos:

- AA, A, B, C
- A+, A, B, C, C-
- S, A, B, C,
- A+, A, B+, B, C, C-

La clasificación ABC puede determinar el diseño de un almacén, la forma de los flujos de mercancías y sus movimientos, así como la gestión del aprovisionamiento, del almacén, de los inventarios, de la extracción de las unidades de producto de su ubicación *(picking)*, de los recursos materiales y de las personas. Es una metodología de segmentación de productos de acuerdo a criterios preestablecidos, como pueden ser indicadores de costo, volumen o cantidad de movimiento, especificaciones de seguridad o ventas. También facilita una gestión diferenciada para cada rango:

- **Los productos A** se ubican cerca de la salida porque son los que más movimientos experimentan y de esta manera se reduce el tiempo en los desplazamientos de los recursos. También el control del inventario es mayor, se hace de forma mensual, por ejemplo, para evitar errores en el servicio, pérdidas por caducidad u otros. A la vez, las compras y el aprovisionamiento de estos productos están sometidos a un mayor control para que se puedan servir al cliente sin necesidad de tener elevadas existencias y para poder negociar o pactar precios y lotes de entrega sistemática.

- **Los artículos B** se ubican un poco más lejos de la salida, ya que experimentan una menor cantidad de movimientos que los del grupo A. También el control del inventario es menor, por ejemplo semestral. A nivel de compras y aprovisionamiento se trata de negociar precios, lotes de entrega y sistemática pero con unos parámetros más abiertos, menos ajustados.

- **Los productos C** son los que están más lejos de la salida, ya que los movimientos son mínimos. El control del inventario puede ser anual. La gestión de compras y aprovisionamiento normalmente es baja, lo que da margen a poca negociación. En muchas ocasiones los lotes de entrega y la sistemática las marca el proveedor.

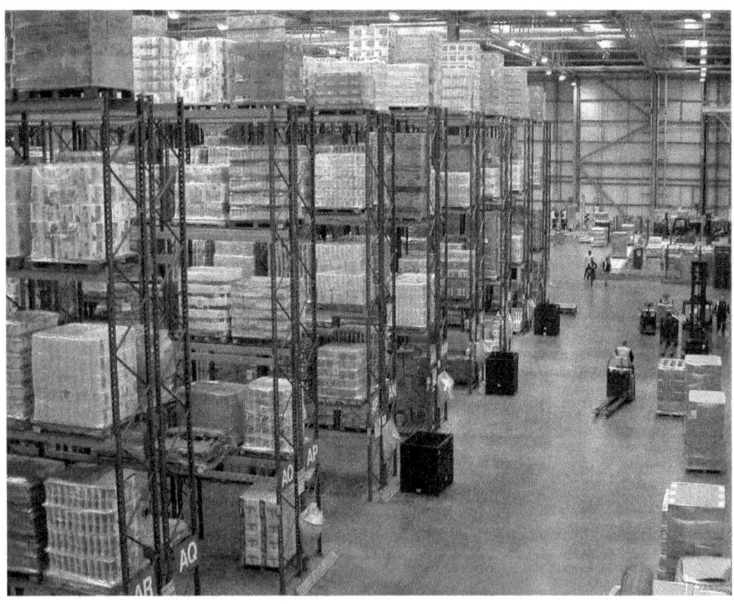

Figura 3.3. Zona A de un almacén con estanterías cercana al área de expedición de mercancías.

Los sistemas informáticos, como los planificadores de recursos empresariales (ERP) y los sistemas de gestión de almacenes (SGA), facilitan la clasificación ABC, siguiendo los parámetros que se hayan introducido en las bases de los mismos, y permiten extraer la misma en la base que se desee, por ejemplo, por movimientos o por costes. También es posible hacer esta clasificación manualmente o con programas de cálculo, como el Excel. La sistemática hace el cálculo del acumulado de la unidad respeto al total en porcentaje (%).

Las diferentes clasificaciones ABC que se pueden aplicar dentro de cada organización, dependiendo de la medida o base que se utilice, no han de dar el mismo resultado. Es normal que algunos artículos se incluyan en el grupo A en cuanto a movimientos, por ejemplo, en kilos, pero que formen parte del grupo B, en euros, si la clasificación es a nivel económico. En la figura 3.4 se observa un ejemplo de clasificación ABC de movimientos en kilogramos.

En la figura 3.5, se observa una clasificación ABC comparada entre la facturación de un artículo, su costo económico, en euros, y los movimientos, en kilogramos. Se extraen tres ejemplos:

- El artículo 07 es un producto A a nivel económico, facturación y costo, y C en kilogramos movidos.
- El artículo 23 es un producto A en facturación, C en costo y B en kilogramos movidos.
- El artículo 15 es un producto B en facturación y costos, y A en kilogramos movidos.

Uno de los principios básicos del almacenaje es el de la mínima manutención posible. Todo movimiento de la mercancía conlleva el riesgo de que sufra un accidente, con la consiguiente pérdida del valor de la misma y un incremento de costos para la empresa.

Artículo	kg	kg (%)	Acumulado kg (%)	Artículo	kg	kg (%)	Acumulado kg (%)
05	1.527.040,12	26,173	26,173	24	22.268,18	0,382	95,383
09	1.244.219,73	21,325	47,498	37	21.577,96	0,370	95,752
01	570.599,32	9,780	57,277	40	20.927,50	0,359	96,111
04	353.104,22	6,052	63,329	48	19.535,00	0,335	96,446
02	207.266,86	3,552	66,882	17	19.390,42	0,332	96,778
15	189.874,56	3,254	70,136	16	16.862,44	0,289	97,067
22	144.514,05	2,477	72,613	25	16.543,73	0,284	97,351
08	121.539,71	2,083	74,696	07	14.472,54	0,248	97,599
18	113.801,99	1,950	76,647	35	14.221,25	0,244	97,843
06	107.406,53	1,841	78,488	13	12.564,75	0,215	98,058
10	99.052,74	1,698	80,185	29	12.436,20	0,213	98,271
23	96.903,92	1,661	81,846	32	12.139,20	0,208	98,479
03	96.034,89	1,646	83,492	19	11.164,69	0,191	98,671
30	89.493,75	1,534	85,026	47	11.073,12	0,190	98,860
26	86.075,00	1,475	86,501	27	10.849,22	0,186	99,046
44	85.714,00	1,469	87,970	45	10.224,48	0,175	99,222
39	84.105,00	1,442	89,412	43	7.372,80	0,126	99,348
21	79.408,47	1,361	90,773	49	6.985,00	0,120	99,468
36	71.706,00	1,229	92,002	42	6.050,38	0,104	99,571
20	37.630,70	0,645	92,647	50	4.920,00	0,084	99,656
12	36.040,68	0,618	93,265	33	4.778,00	0,082	99,738
31	28.380,99	0,486	93,751	38	4.664,00	0,080	99,818
34	25.726,95	0,441	94,192	28	4.434,00	0,076	99,894
11	24.009,96	0,412	94,604	46	4.102,00	0,070	99,964
14	23.191,27	0,397	95,001	41	2.111,16	0,036	100,000

5.834.509,39	100 %

Productos A   Productos B   Productos C

Figura 3.4. Ejemplo de clasificación ABC.

	Clasificación ABC					Clasificación ABC		
Artículo	Facturación (€)	Costo (€)	kg		Artículo	Facturación (€)	Costo (€)	kg
05	567.474,47	463.302,42	1.527.040,12		24	46.429,02	35.234,37	22.268,18
09	355.863,67	216686,83	1.244.219,73		37	26.959,61	20.680,67	21.577,96
01	929.860,39	772.545,16	570.599,32		40	25.153,08	17.078,42	20.927,50
04	771.374,56	575.889,53	353.104,22		48	22.469,03	14.369,90	19.535,00
02	878.770,74	668.461,00	207.266,86		17	50.222,32	35.434,15	19.390,42
15	51.216,33	40.856,27	189.874,56		16	50.806,21	35.953,24	16.862,44
22	48.108,73	37.102,38	144.514,05		25	45.780.23	25.483,49	16.543,73
08	359.784,67	262.974,22	121.539,71		07	463.323,67	322.990,33	14.472,54
18	50.073,50	43.697,46	113.801,99		35	28.425,07	19.304,97	14.221,25
06	465.568,42	439.454,97	107.406,53		13	64.734,28	55.297,17	12.564,75
10	254.863,94	180.198,23	99.052,74		29	34.103,00	26.097,28	12.436,20
23	47.094,56	31.838,41	95.903,92		32	30.640,98	23.293,16	12.139,20
03	873.058,31	609.177,47	96.034,89		19	49.255,50	34.688,91	11.164,69
30	32.657,81	19.553,17	89.493.75		47	22.479,00	17.806,04	11.073,12
26	33.560,12	28.022,55	85.075,00		27	34.404,57	27.612,25	10.849,22
44	24.387,54	19.270,36	85.714,00		45	23.813,69	17.943,75	10.224,48
39	25.193,33	16.358,21	84.105,00		43	24.576,00	17.223,60	7.372,80
21	48.163,57	31.271,18	79.408,47		49	22.035,44	15.248,98	6.985,00
36	27.929,33	20.754,20	71.706,00		42	24.663,92	18.207,58	6.050,38
20	48.958,23	35.251,90	37.630,70		50	21.819,09	18.860,46	4.920,00
12	76.640,56	56.171,80	36.040,68		33	29.539,81	24.804,65	4.778,00
31	31.520,79	23.574,78	28.380,99		38	25.495,06	17.197,44	4.664,00
34	29.104,44	21.571,21	25.726,95		28	34.307,01	24.557,61	4.434,00
11	84.088,50	72.180,87	24.009,96		46	22.917,75	16.961,78	4.102,00
14	63.894,25	46.012,37	23.191,27		41	24.678,63	12.555,91	2.111,16

7.430.242,73 €	5.727.068.08 €	5.834.509,39

Productos A   Productos B   Productos C

Figura 3.5. Comparativa de clasificación ABC según la base de valoración.

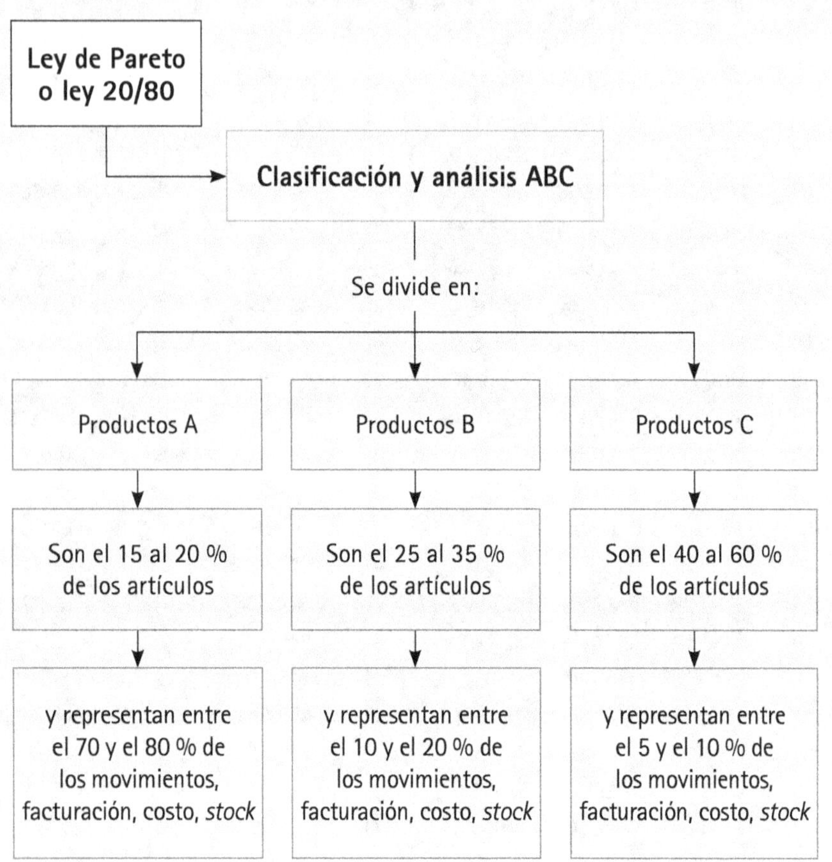
Ley de Pareto o ley 20/80
Clasificación y análisis ABC
Se divide en:
Productos A
Productos B
Productos C
Son el 15 al 20 % de los artículos
Son el 25 al 35 % de los artículos
Son el 40 al 60 % de los artículos
y representan entre el 70 y el 80 % de los movimientos, facturación, costo, stock
y representan entre el 10 y el 20 % de los movimientos, facturación, costo, stock
y representan entre el 5 y el 10 % de los movimientos, facturación, costo, stock

Capítulo 4
Mecanización y automatización de los almacenes

1   Almacenes manuales

En este tipo de almacenes son muy importantes los recursos humanos, que crecen a medida que aumentan las dimensiones del almacén, el volumen de los flujos de entrada y salida y la cantidad de movimientos que se deban efectuar. Los recursos materiales más recurrentes son las transpaletas, los carritos, los elevadores manuales o eléctricos, las carretillas frontales contrapesadas, los puentes grúa, etc.

Las infraestructuras pueden ser muy simples, como es el caso de las campas descubiertas, los almacenes de productos para la construcción o las naves diáfanas para apilar mercancías en bloque o a un solo nivel a ras del suelo. Las estanterías suelen tener una altura máxima de 6-7 m y ser compactas o convencionales, ligeras, compactas *drive-in y drive-through* o en voladizo.

Una de las características de este tipo de almacenes es que pueden funcionar con una baja gestión informatizada, excepto en sectores como el de la automoción y las campas de vehículos.

2   Almacenes con elementos automatizados

En este tipo de almacenes, los recursos humanos empleados decrecen a medida que aumenta el grado de automatización y se emplea maquinaria con mayor capacidad. En cambio, los recursos materiales aumentan, tienen mayor complejidad técnica y requieren de mantenimiento.

La infraestructura puede consistir en una nave diáfana, en un conjunto de naves unidas físicamente con aberturas para el tránsito de personas y elementos de manutención (recursos materiales mecánicos) o en naves separadas físicamente con caminos externos que las unan. Las estanterías utilizadas tienen una altura de 10-15 m y pueden ser convencionales, simples o de doble profundidad, dinámicas, de gravedad, móviles manuales o eléctricas, en voladizo, etc.

La maquinaria para las tareas de manutención puede incluir desde simples transpaletas, carritos, elevadores manuales o eléctricos, carretillas frontales contrapesadas y puentes grúa, hasta máquinas más sofisticadas, como carretillas trilaterales, básculas en línea, gálibos en línea, cintas transportadoras o rodillos de transporte.

También se pueden incluir en este grupo los almacenes empleados para la preparación de pedidos o que dispongan de maquinaria de extracción de productos, como los *mini load*, los carruseles horizontales o los paternóster.

3 Almacenes semiautomatizados

Estos almacenes requieren menos recursos humanos pero más recursos materiales, con más complejidad técnica y un elevado grado de mantenimiento.

Las infraestructuras acostumbran a ser naves diáfanas que pueden superar los 20 m de altura, si la legislación local lo permite. Habitualmente, este tipo de almacenes se concentran en una sola nave, pero también pueden consistir en un conjunto de naves unidas físicamente, con aberturas para el tránsito de personas y mercancías, o en naves separadas físicamente y conectadas mediante caminos externos.

Estos almacenes pueden disponer de estanterías simples o de doble profundidad, así como de maquinaria de extracción de productos, como los *mini load*, los carruseles horizontales o los paternóster, y ser utilizados para la preparación de pedidos. La maquinaria de manutención puede incluir transelevadores, complementados con básculas, gálibos en línea, cintas transportadoras, rodillos de transporte o carriles colgantes, entre otros elementos.

4   Almacenes automatizados

Los recursos humanos requeridos suelen ser mínimos debido a su alto grado de automatización, aunque su presencia también dependerá de factores como las dimensiones del almacén o el volumen de productos de entrada y de salida. Normalmente las salidas individuales consisten

Figura 4.1. Almacén automatizado con estanterías para cajas.

en cantidades mínimas de palés completos (monoreferencia), lo que supone una gran cantidad de operaciones de manutención.

La infraestructura suele ser una nave diáfana, que puede superar los 30 m de altura. Un ejemplo de almacén automático son los autoportantes, donde el conjunto de estanterías, cuya altura puede superar los 40 m, sirve para aguantar las paredes y el techo.

Las estanterías pueden ser simples o de doble profundidad. La maquinaria para la manutención consiste en transelevadores que pueden estar complementados con cualquier otro tipo de maquinaria que asegure la capacidad de almacenamiento y la rapidez de los movimientos en el almacén.

En este tipo de almacenes, la gestión informática y la utilización de sistemas de radiofrecuencia son necesarias para garantizar una gestión óptima.

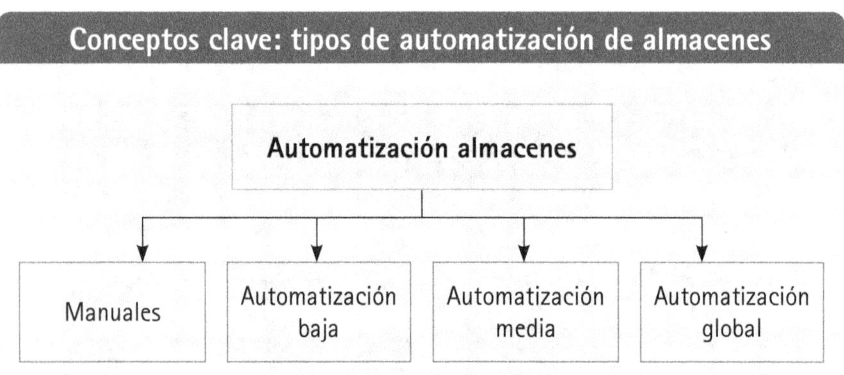

5 Mecanización del almacenaje

En función de la sistemática o grado de mecanización del almacenaje, los almacenes se pueden clasificar en los tipos que se detallan en las fichas 1 a 16.

1. Almacenamiento en bloque

- Maximiza el espació al ser diáfano.
- Puede ser al aire libre.
- No se utilizan estanterías.
- Puede emplearse para almacenes monoreferencia o multireferencia.
- Aplica la sistemática LI-FO preferiblemente a las FI-FO y FE-FO.
- Es necesario identificar correctamente el producto.
- Presenta dificultades para identificar la ubicación.
- Normalmente utiliza un sistema de almacenaje ordenado, no caótico.
- Requiere poco mantenimiento, dedicado a infraestructuras.

2. Almacenamiento compacto

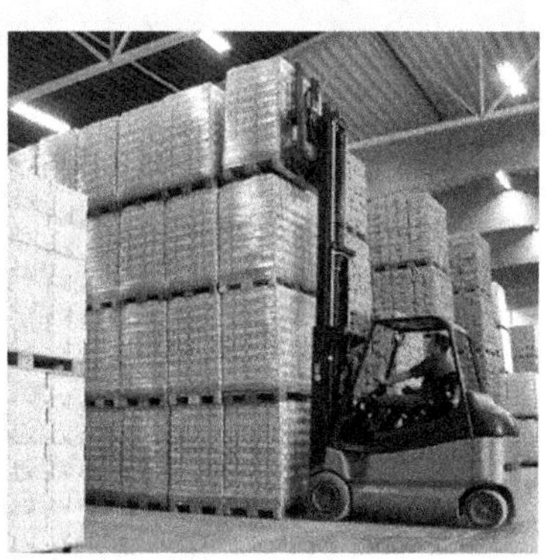

- Maximiza el espacio al haber pocos pasillos.
- Puede ser al aire libre.
- Se pueden utilizar estanterías desmontables o fijas.
- Puede emplearse para almacenes monoreferencia o multireferencia.
- Aplica la sistemática LI-FO preferiblemente a las FI-FO y FE-FO.
- Es necesario identificar correctamente el producto.
- Presenta dificultades para identificar la ubicación.
- Normalmente utiliza un sistema de almacenaje ordenado, no caótico.
- Requiere poco mantenimiento, centrado en infraestructuras y estanterías.

3. Almacenamiento en estanterías convencionales

- Los pasillos han de estar adaptados a la maquinaria empleada.
- Puede ser al aire libre, aunque no es lo más habitual.
- Normalmente tiene estanterías fijas.
- Los estantes pueden ser para cajas o palés.
- Presenta el ancho estandarizado a palés, ya sea europalés o palés americanos.
- Los estantes pueden ser de medidas variables en altura.
- Aplica las sistemáticas LI-FO, FI-FO y FE-FO.
- Es necesario identificar correctamente el producto y la ubicación.
- El sistema de almacenaje puede ser caótico u ordenado.
- Requiere poco mantenimiento, centrado en infraestructuras y estanterías.

4. Almacenamiento en estanterías de doble profundidad

- Los pasillos han de estar adaptados a la maquinaria empleada.
- Puede ser al aire libre, aunque no es lo más habitual.
- Las estanterías son fijas.
- Normalmente los estantes son para palés.
- Presenta el ancho estandarizado a palés, ya sea europalés o palés americanos.
- Las medidas de los estantes pueden variar en altura.
- Las estanterías pueden utilizarse para almacenes monoreferencia o multireferencia.
- Aplica las sistemáticas LI-FO, FI-FO y FE-FO, aunque en las dos últimas aumenta el número de movimientos, lo que dificulta su control.
- Es necesario identificar correctamente el producto y la ubicación.
- El sistema de almacenaje puede ser caótico u ordenado.
- Requiere poco mantenimiento, centrado en infraestructuras y estanterías.

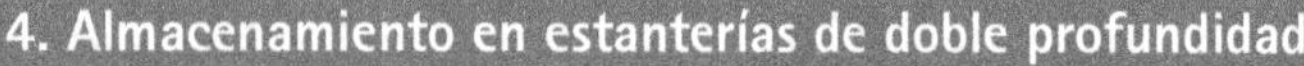

5. Almacenamiento en estanterías dinámicas de gravedad

- Maximiza el espacio.
- Minimiza los movimientos.
- Los movimientos de los productos se hacen con sistemas mecánicos o de gravedad, sin emplear recursos humanos.
- Utiliza estanterías fijas donde la mercancía circula.
- Normalmente los carriles son para palés.
- Presenta el ancho estandarizado a palés, ya sea europalés o palés americanos.
- La altura de los estantes se adapta a las necesidades.
- Puede utilizarse para almacenes monoreferencia o multireferencia.
- Los carriles son monoreferencia.
- Aplica la sistemática FI-FO y, con muy buen control, la FE-FO.
- Es necesario identificar correctamente el producto y la ubicación.
- El sistema de almacenaje normalmente es caótico.
- Requiere mantenimiento, mayor si es mecánico y no por gravedad.

6. Almacenamiento en estanterías móviles

- Utiliza estanterías móviles sobre raíles.
- Puede ser al aire libre, aunque no es lo habitual.
- Maximiza el espacio.
- Aumenta el tiempo de espera para abrir o cerrar pasillos.
- Las estanterías pueden ser manuales o eléctricas, para abrir o cerrar.Los estantes pueden ser para cajas, palés, archivos, etc.
- Presenta el ancho estandarizado a palés, ya sea europalés o palés americanos.
- La altura de los estantes se adapta a las necesidades.
- Puede utilizarse para almacenes monoreferencia o multireferencia.
- Aplica la sistemática FI-FO y, con muy buen control, la FE-FO.
- Es necesario identificar correctamente el producto y la ubicación.
- El sistema de almacenaje normalmente es caótico.
- Requiere un mantenimiento mayor, sobre todo si las estanterías son eléctricas.

- Maximiza el espacio al permitir pasillos estrechos.
- Ofrece mayor altura de almacenamiento.
- Los estantes pueden ser para cajas o palés.
- Presenta el ancho estandarizado a palés, ya sea europalés o palés americanos.
- La altura de los estantes se adapta a las necesidades.
- Normalmente es multireferencia.
- Aplica las sistemáticas FE-FO y FI-FO.
- Es necesario identificar correctamente el producto y la ubicación.
- El sistema de almacenaje normalmente es caótico.
- Requiere un mantenimiento mayor.
- Requiere sistema de gestión del almacén (SGA) y sistema de gestión corporativa (ERP) completo.
- Emplea menos recursos humanos.
- Parte de los movimientos de ubicación y desubicación son automatizados.

- Maximiza el espacio al ser menores los pasillos.
- Ofrece mayor altura, al ser máxima la altura de las estanterías.
- La altura de los estantes se adapta a las necesidades.
- Normalmente es para palés.
- Presenta el ancho estandarizado a palés, ya sea europalés o palés americanos.
- Normalmente es multireferencia.
- Aplica las sistemáticas FE-FO y FI-FO.
- Es necesario identificar correctamente el producto y la ubicación.
- Permite gran velocidad en los movimientos.
- El sistema de almacenaje normalmente es caótico.
- Requiere un mantenimiento mayor.
- Necesita sistema de gestión del almacén (SGA) y sistema de gestión corporativa (ERP) completo.
- Emplea menos recursos humanos.
- Automatiza gran parte de los movimientos.
- Las tareas están separadas y se pueden realizar entradas y salidas al mismo tiempo.

9. Almacén con estanterías ligeras

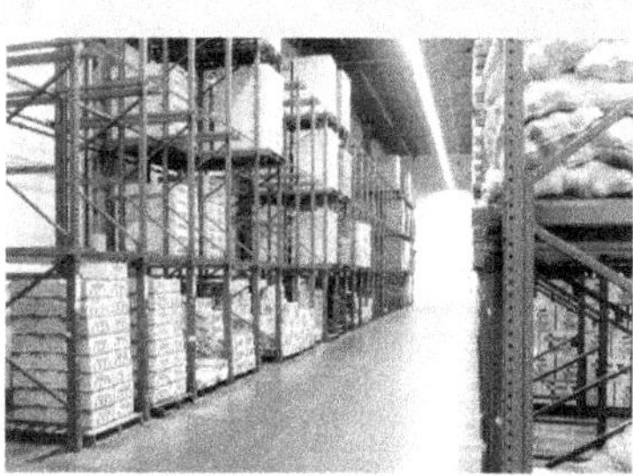

- Maximiza el espacio, sobre todo los altillos.
- En poco espacio hay muchas referencias con poca cantidad de producto.
- La altura de los estantes se adapta a las necesidades.
- La altura es mínima para poder alcanzar los productos sin medios mecánicos.
- Normalmente es para cajas.
- Normalmente es multireferencia.
- Aplica las sistemáticas LI-FO, FI-FO y, en menor medida, la FE-FO.
- Es necesario identificar correctamente el producto y la ubicación.
- El sistema de almacenaje puede ser caótico u ordenado.
- Requiere bajo mantenimiento.
- Los movimientos son manuales.

10. Almacén con estanterías compactas *drive-in*

- Puede ser al aire libre, aunque no es lo habitual.
- Los espacios de los pasillos han de estar adaptados a la maquinaria empleada.
- Utiliza estanterías fijas.
- Normalmente los estantes son para palés.
- Presenta el ancho estandarizado a palés, ya sea europalés o palés americanos.
- Los estantes pueden ser de medidas variables en altura, aunque unificados en cada línea de estanterías.
- Las estanterías pueden utilizarse para almacenes monoreferencia o multireferencia.
- Cada canal normalmente es monoreferencia.
- Aplica la sistemática LI-FO.
- Es necesario identificar correctamente el producto y la ubicación.
- El sistema de almacenaje puede ser caótico u ordenado.
- Requiere poco mantenimiento, centrado en infraestructuras y estanterías.

11. Almacén con estanterías compactas *drive-through*

- Los espacios de los pasillos han de estar adaptados a la maquinaria empleada.Dispone de doble pasillo, uno de entrada y otro de salida.
- Los espacios de los pasillos han de estar adaptados a la maquinaria empleada.
- Puede ser al aire libre, aunque no es lo habitual.
- Utiliza estanterías fijas.
- Normalmente los estantes son para palés.
- Presenta el ancho estandarizado a palés, ya sea europalés o palés americanos.
- Los estantes pueden ser de medidas variables en altura, aunque unificados en cada línea de estanterías.
- Las estanterías pueden utilizarse para almacenes monoreferencia o multireferencia.
- Cada canal normalmente es monoreferencia.
- Aplica la sistemática FI-FO.
- Es necesario identificar correctamente el producto y la ubicación.
- El sistema de almacenaje puede ser caótico u ordenado.
- Requiere poco mantenimiento, centrado en infraestructuras y estanterías.

12. Almacén con estanterías en voladizo

- Se emplea para mercancía de largas dimensiones, tubos, vigas, etc.
- Dispone de espacio elevado por la configuración de la mercancía.
- Puede ser al aire libre, aunque no es habitual.
- Los espacios de pasillos han de estar adaptados a la maquinaria utilizada.
- Utiliza estanterías fijas.
- Los estantes pueden ser de medidas variables en altura, aunque unificados en cada línea de estanterías.
- Las estanterías pueden usarse en almacenes monoreferencia o multireferencia.
- Aplica la sistemática FI-FO.
- Es necesario identificar correctamente el producto y la ubicación.
- El sistema de almacenaje puede ser caótico u ordenado.
- Requiere mantenimiento, centrado en infraestructuras y estanterías.
- La maquinaria ha sido diseñada para la tipología del producto que se deba manejar.

- Es adaptable a las necesidades y características de los productos (tamaño, temperatura, seguridad, etc.).
- Maximiza el espacio.
- Aprovecha la altura.
- Se utiliza normalmente para productos de pequeño o mediano volumen.
- El peso por bandeja está limitado.
- Los estantes pueden ser de medidas variables dentro de cada bandeja.
- Cada bandeja puede ser monoreferencia o multireferencia.
- Normalmente es un almacén multireferencia.
- Aplica las sistemáticas FI-FO y LI-FO.
- Es necesario identificar correctamente el producto y la ubicación.
- Normalmente el sistema de almacenaje es caótico.
- Requiere mantenimiento.
- Necesita sistema de gestión del almacén (SGA) y sistema de gestión corporativa (ERP) completo.
- La entrada y la salida se realizan por el mismo lugar.
- Las tareas están separadas; no se pueden realizar entradas si se están realizando salidas.
- Existe un mayor control de la gestión.

- Es adaptable a las necesidades y características de los productos.
- Se aprovecha especialmente en superficie, con poca altura.
- Normalmente se almacenan productos de pequeño o mediano volumen.
- Los estantes pueden ser de medidas variables, dentro de cada bandeja.
- El peso por bandeja está limitado.
- En cada bandeja puede haber existencias monoreferencia o multireferencia.
- Normalmente es almacén multireferencia.
- Aplica las sistemáticas FI-FO y LI-FO.
- Es necesario identificar correctamente el producto y la ubicación.
- Normalmente el sistema de almacenaje es caótico.
- Requiere mantenimiento.
- Necesita sistema de gestión del almacén (SGA) y sistema de gestión corporativa (ERP) completo.
- La entrada y la salida se efectúan por el mismo lugar.
- Las tareas están separadas; no se pueden realizar entradas si se están realizando salidas.

15. Almacén *mini load*

- Maximiza el espacio.
- La sistemática es la misma que en los almacenes automáticos, pero en vez de palés, se almacenan cajas.
- Está destinado a mercancías de pequeñas dimensiones.
- Los estantes pueden ser de medidas variables en altura, aunque unificados en cada línea de estanterías.
- Normalmente es multireferencia.
- Aplica las sistemáticas FI-FO y FE-FO.
- Es necesaria una correcta identificación del producto y de la ubicación.
- Normalmente el sistema de almacenaje es caótico.
- Los movimientos se efectúan a gran velocidad.
- Requiere mantenimiento.
- Necesita sistema de gestión del almacén (SGA) y sistema de gestión corporativa (ERP) completo.
- La entrada y la salida se efectúan por el mismo lugar.
- Las tareas están separadas; no se pueden realizar entradas si se están realizando salidas.
- Permite un mayor control de la gestión.

16. Almacén autoportante

- Maximiza el espacio.
- La sistemática es la misma que en los almacenes automáticos.
- Normalmente se utiliza para palés completos.
- Los estantes pueden ser de medidas variables en altura, aunque unificados en cada línea de estanterías.
- Normalmente es multireferencia.
- Aplica las sistemáticas FI-FO y FE-FO.
- Es necesaria una correcta identificación del producto y de la ubicación.
- Normalmente el sistema de almacenaje es caótico.
- Los movimientos se efectúan a gran velocidad.
- Requiere mantenimiento elevado debido a su gran automatización.
- Necesita sistema de gestión del almacén (SGA) y sistema de gestión corporativa (ERP) completo.
- La entrada y la salida se efectúan por el mismo lugar.
- Se emplean pocos recursos humanos en su operativa.
- Permite un mayor control de la gestión.

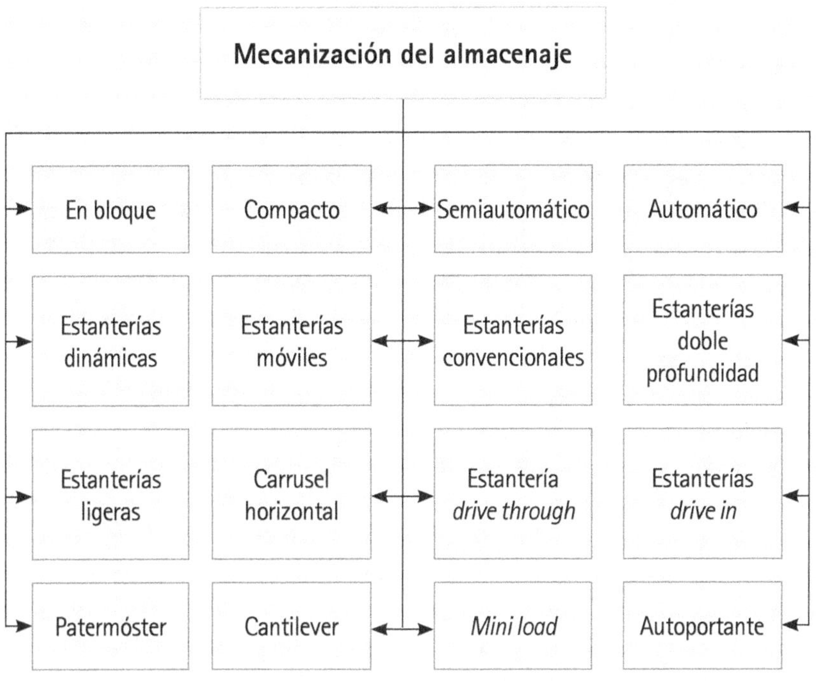

Mecanización del almacenaje
En bloque
Compacto
Semiautomático
Automático
Estanterías dinámicas
Estanterías móviles
Estanterías convencionales
Estanterías doble profundidad
Estanterías ligeras
Carrusel horizontal
Estantería drive through
Estanterías drive in
Patermóster
Cantilever
Mini load
Autoportante

Capítulo 5
Elementos de manutención

Para realizar las tareas de manutención en el almacenaje se pueden utilizar desde sistemas totalmente manuales hasta los más automatizados, y se requieren, en mayor o menor medida, recursos humanos y materiales.

En los sistemas totalmente manuales y de acuerdo con las normativas de riesgos laborales, un hombre no debe trasladar una carga de más de 25 kg en un recorrido máximo de 30 m, mientras que una mujer no

Figura 5.1. Operación de manutención con una carretilla frontal contrapesada.

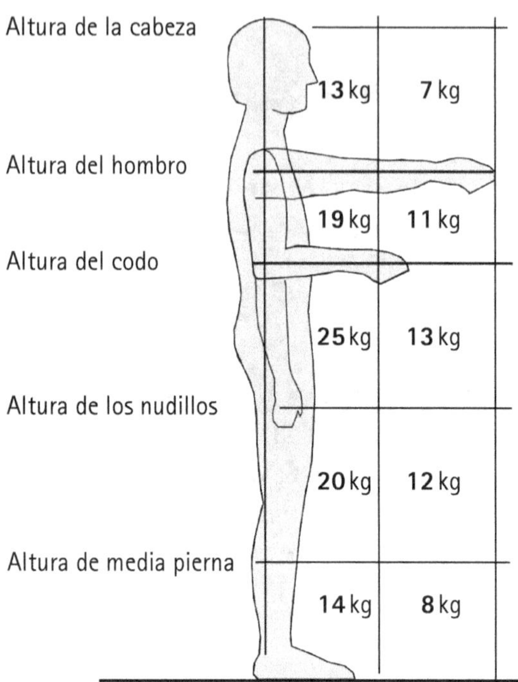

Figura 5.2. Gráfico elaborado a partir de los datos extraídos de la Guía técnica para la evaluación y prevención de los riesgos relativos a la manipulación manual de cargas 2009.

debe trasladar más de 15 kg. Esta limitación física solo puede superarse con la ayuda de elementos de manutención, que permiten aumentar la capacidad de carga y la distancia a la que puede trasladarse una mercancía.

Los diferentes elementos de manutención se detallan en las fichas 17 a 33.

Algunos de estos elementos de manutención del almacén pueden ser automatizados, como los vehículos guiados automáticamente *(automatic guided vehicle* o AGV), que son los vehículos capaces de ejecutar ciertas funciones sin necesidad de una persona, estos se detallan en las fichas 30 a 33.

- Realiza movimientos horizontales con esfuerzo.
- Se emplea distancias cortas, sin pendiente.
- Soporta cargas ligeras, como máximo de 2.000 kg.
- Se utiliza operaciones esporádicas.
- Su velocidad depende del operario a pie que la maneja.
- En algunos casos puede incorporar diferentes sistemas, como una báscula o incluso elevación a cierta altura.

18. Transpaleta eléctrica con conductor acompañante

- Realiza movimientos horizontales sin esfuerzo.
- Se emplea para distancias cortas, aproximadamente de 20 m.
- Puede salvar pendientes de hasta un 20 %.
- Soporta cargas ligeras, como máximo de 2.000 kg.
- Se utiliza para operaciones esporádicas.
- Alcanza una velocidad máxima de entre 4 y 6 km/h.
- Se usa normalmente para la carga y la descarga.

19. Transpaleta eléctrica con plataforma

- Realiza movimientos horizontales sin esfuerzo.
- Se emplea para distancias de unos 50 m.
- Puede salvar pendientes de hasta un 20 %.
- Se utiliza para cargas ligeras, como máximo de 2.000 kg.
- Se emplea para operaciones esporádicas.
- Alcanza una velocidad máxima de entre 4 y 9 km/h.
- Se usa normalmente para la carga y la descarga.

20. Transpaleta eléctrica con conductor sentado

- Realiza movimientos horizontales sin esfuerzo.
- Se emplea para distancias superiores a 50 m.
- Puede salvar pendientes de hasta un 15 %.
- Se utiliza para cargas ligeras, como máximo de 2.000 kg.
- Se emplea para operaciones esporádicas.
- Alcanza una velocidad máxima de entre 8 y 11 km/h.
- Se usa normalmente para la carga y la descarga.

21. Apilador con conductor acompañante

- Realiza movimientos verticales y horizontales.
- Necesita pasillos de 2,5 m de anchura mínima.
- Puede levantar cargas hasta 4,5 m de altura.
- Soporta cargas ligeras, como máximo de 1.600 kg.
- Se utiliza para operaciones esporádicas y de corto recorrido.
- Alcanza una velocidad máxima de entre 5 y 6 km/h.
- Se usa normalmente para la ubicación, la desubicación y el apilado en el almacén.

22. Apilador con plataforma y conductor acompañante

- Realiza movimientos verticales y horizontales.
- Necesita pasillos de 2,5 m de anchura mínima.
- Puede levantar cargas hasta 4,5 m de altura.
- Soporta cargas ligeras, como máximo de 1.600 kg.
- Se utiliza para operaciones esporádicas y de medio recorrido.
- Alcanza una velocidad máxima de entre 5 y 8 km/h.
- Se usa normalmente para la ubicación, la desubicación y el apilado en el almacén.

23. Apilador con conductor sentado

- Realiza movimientos verticales y horizontales.
- Necesita pasillos de entre 2,2 y 2,3 m de anchura mínima.
- Puede levantar cargas hasta 6,5 m de altura.
- Soporta cargas ligeras, como máximo de 2.000 kg.
- Se utiliza para operaciones esporádicas, de medio o largo recorrido.
- Alcanza una velocidad máxima de entre 7 y 8 km/hora.
- Se usa normalmente para la ubicación, desubicación y apilado en el almacén.

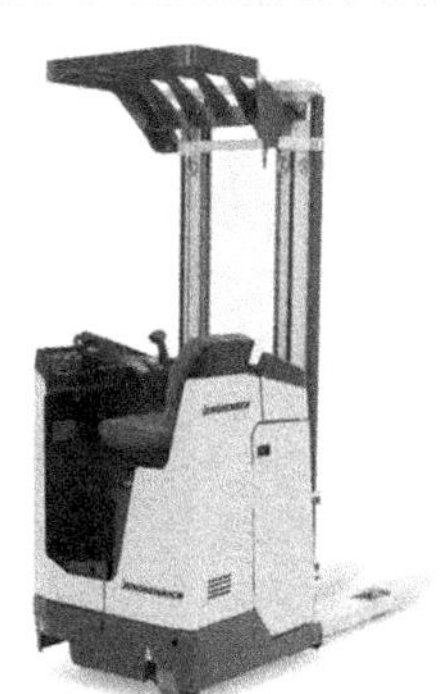

24. Carretilla retráctil

- Realiza movimientos verticales y horizontales.
- Necesita pasillos de entre 2,6 y 2,9 m de anchura mínima.
- Puede levantar cargas hasta 10 m de altura, pero en condiciones especiales llega a los 12 m.
- Soporta cargas máximas de 2.500 kg.
- Se utiliza para operaciones intensivas, de medio y de largo recorrido.
- Puede alcanzar una velocidad máxima de 10 km/h.
- Se usa normalmente para la ubicación, la desubicación y el apilado en el almacén.
- Se acciona con energía eléctrica y requiere de un espacio para la carga de las baterías.

- Realiza movimientos verticales y horizontales.
- Necesita pasillos de entre 3,2 y 3,5 m de anchura mínima, dependiendo de la máquina y de su capacidad de giro.
- Puede levantar cargas hasta 7 m de altura.
- Soporta cargas ligeras, medias y pesadas, dependiendo de los modelos, de entre 2.500 y 5.000 kg. Las carretillas portacontenedores pueden llegar a las 40 t.
- Se utiliza para operaciones de medio y largo recorrido.
- Alcanza una velocidad máxima de entre 10 y 20 km/h, dependiendo de sus características.
- Tiene múltiples usos en el almacén: carga y descarga, ubicación, desubicación, transporte de recorridos cortos, etc.
- Puede estar accionada por energía eléctrica o por combustible (gas o gasoil).
- En los almacenes cubiertos o cerrados solo se pueden emplear carretillas eléctricas.

- Dispone de una gran variedad de accesorios, para adaptarla a las necesidades concretas de cada empresa: pinzas, espolones, cabezales giratorios, carrozadas para las inclemencias del tiempo y para el trabajo en almacenes con temperatura negativa, etc.

- Realiza movimientos verticales y horizontales.
- Permite la recogida y entrega de palés por los laterales de la máquina.
- Necesita pasillos de entre 1,5 y 1,6 m de anchura mínima.
- Puede levantar cargas hasta 14 m de altura.
- Soporta cargas ligeras, como máximo de 1.500 kg.
- Se utiliza para operaciones intensivas y de medio recorrido.
- Alcanza una velocidad máxima de 10 km/h.
- Se acciona con energía eléctrica y requiere de un espacio para la carga de las baterías.

27. Carretilla trilateral

- Realiza movimientos verticales y horizontales.
- Permite la recogida y entrega de palés por los laterales y por la parte frontal de la máquina.
- Necesita pasillos de entre 1,7 y 1,9 m de anchura mínima.
- Puede levantar cargas hasta 16 m de altura, pero en condiciones especiales llega a 24 m.
- Soporta cargas ligeras, como máximo de 1.200 kg.
- Se utiliza para operaciones intensivas y de medio o largo recorrido.
- Alcanza una velocidad máxima de 10 km/h.
- Se usa normalmente para la ubicación, la desubicación y el apilado en el almacén.
- Se acciona con energía eléctrica y requiere de un espacio para la carga de las baterías.

Carretilla trilateral persona arriba.

Carretilla trilateral persona abajo (izquierda) y arriba (derecha).

- Es automático, no requiere conductor.
- Realiza movimientos verticales y horizontales, guiado por carril o carriles.
- Necesita pasillos de entre 1,4 y 1,65 m de anchura mínima para cargar palés. En el caso de las cajas, la anchura requerida puede ser menor, dependiendo del tipo de mercancía que se almacene.
- Puede levantar cargas hasta 45 m de altura.
- Soporta cargas máximas de 1.000 kg con monocolumna y de más de 1.000 kg con bicolumna.
- Se utiliza para operaciones de elevada intensidad.
- Dependiendo del fabricante, alcanza una velocidad máxima horizontal de 150 m/min a 300 m/min; y vertical de 50 m/min a 100 m/min.
- Se emplea para ubicar y desubicar productos en el almacén.

Transelevadores de cajas .

- Es automático y completamente autónomo.
- Realiza movimientos horizontales por gravedad o por accionamiento eléctrico.
- Se adapta a las necesidades de ancho y largo de las instalaciones.
- Se emplea para el transporte de palés o cajas.

- Utilizan como guía un cable instalado bajo el pavimento del almacén.
- Es un sistema sencillo, preciso y barato, pero de elevado costo en su implantación.
- El sistema resulta poco flexible para crear o modificar caminos y requiere una planificación de futuro al montarlo.
- Alcanzan una velocidad baja en los desplazamientos.
- Son vehículos automáticos y completamente autónomos.
- Realizan movimientos de desplazamiento horizontal y vertical.
- Funcionan mediante sistema eléctrico de baterías.

31. Máquinas ferroguiadas

- Son máquinas guiadas mediante raíles instalados en el pavimento.
- Necesitan un pavimento muy plano, ya que cualquier diferencia por mínima que sea en este se verá acrecentada al subir de nivel.
- Un ejemplo son los transelevadores
- Pueden ser de uno o dos raíles.
- Son vehículos automáticos y completamente autónomos.
- Realizan movimientos de desplazamiento horizontal y vertical.
- Funcionan mediante sistema eléctrico sin baterías.

32: Máquinas de guiado magnético

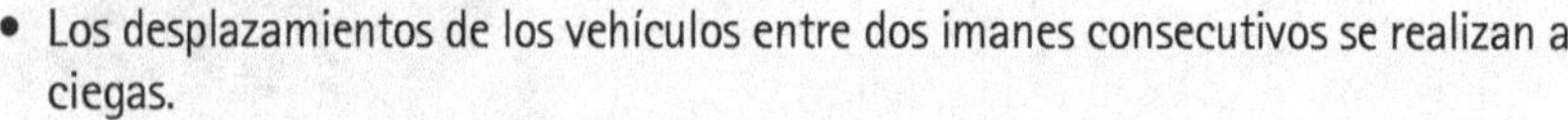

- Son máquinas guiadas mediante imanes distanciados entre sí y enterrados en el pavimento del almacén, que determinan el trazado de los vehículos.
- Es un sistema sencillo, barato y con una precisión regular, pero de costo elevado en su implantación.
- El sistema resulta poco flexible para crear o modificar caminos, y requiere una planificación de futuro al montarlo.
- Los desplazamientos de los vehículos entre dos imanes consecutivos se realizan a ciegas.
- Se puede mejorar la precisión de los desplazamientos utilizando un giroscopio.
- Son vehículos automáticos y completamente autónomos.
- Realizan movimientos de desplazamiento horizontal y vertical.
- Funcionan mediante sistema eléctrico de baterías.

33: Máquinas guiadas por láser

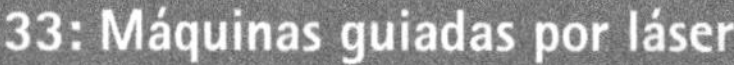

- Son vehículos que utilizan barridos de la unidad láser a los reflectores catadióptricos para situarse en un mapa que tienen guardado en la memoria.
- Tienen un costo elevado y muy buena precisión, ya que calculan su posición unas ocho veces por segundo.
- El sistema resulta muy flexible para crear o modificar caminos ya que se realiza mediante *software*.
- Pueden alcanzar una velocidad alta en los desplazamientos.
- Son automáticos y completamente autónomos.
- Realizan movimientos de desplazamiento horizontal y vertical.
- Funcionan mediante sistema eléctrico de baterías.

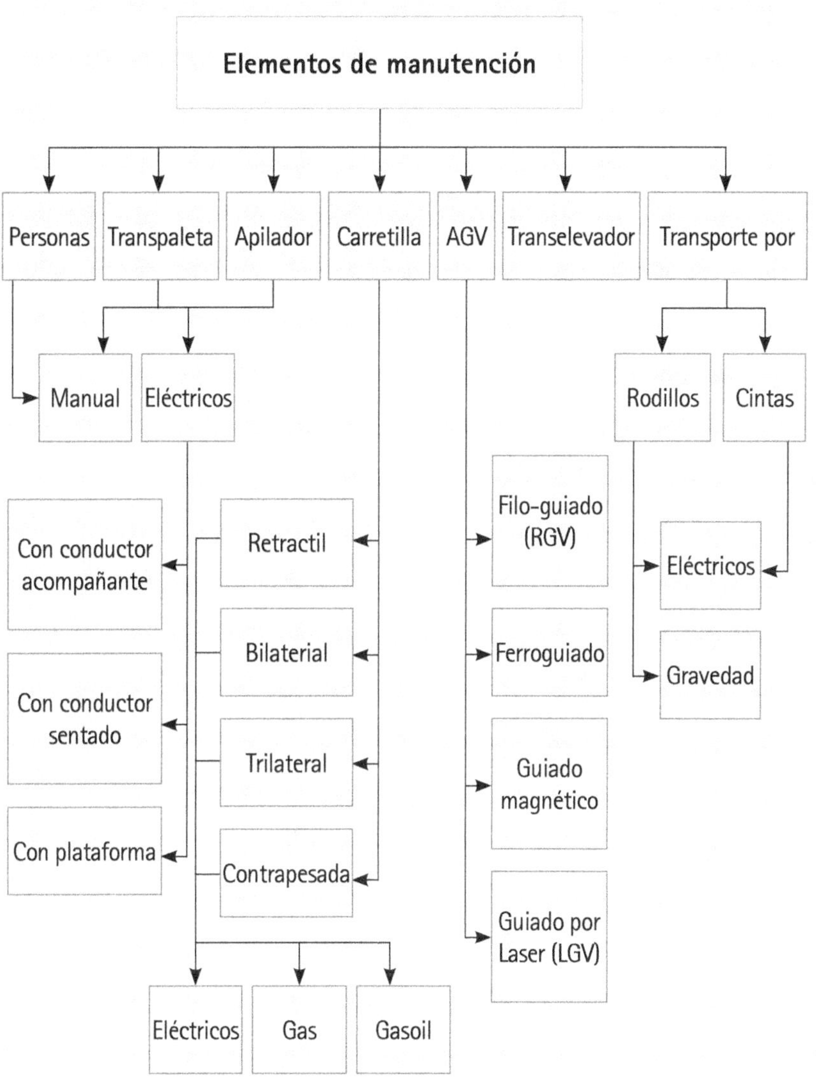
Elementos de manutención
Personas
Transpaleta
Apilador
Carretilla
AGV
Transelevador
Transporte por
Manual
Eléctricos
Rodillos
Cintas
Con conductor acompañante
Retractil
Filo-guiado (RGV)
Eléctricos
Con conductor sentado
Bilateral
Ferroguiado
Gravedad
Trilateral
Guiado magnético
Con plataforma
Contrapesada
Guiado por Laser (LGV)
Eléctricos
Gas
Gasoil

Capítulo 6
La tecnología y los sistemas de gestión informatizada del almacén

La globalización de los mercados y el cambio de paradigma en ellos, al pasarse de un sistema *push* (empujar) a un sistema *pull* (estirar), han incrementado la cantidad productos y sus variantes que las empresas han de gestionar y controlar. Con ello se busca la diferenciación, la personalización, la atención a grupos con necesidades especiales y, a la vez, su estandarización. Un ejemplo es el sector de la automoción, que comprende gran cantidad de marcas, cada una con sus diferentes modelos, motorizaciones, combustibles y acabados, que hacen que el vehículo sea personalizado y diferenciado del resto, pero dentro de una estandarización operativa, que abarca todo el espectro tipológico de los clientes y cubre las demandas de los mercados.

Por eso, la utilización de la tecnología y la informatización de las organizaciones y de su gestión facilitan el control global a la vez que mejoran la operativa y el servicio al cliente. Esta informatización se hace a través de los sistemas de comunicación *(smartphones,* tabletas, PDA, internet, Ethernet y EDI) y del *software* informático de gestión empresarial (los ERP o *enterprise resource planning),* así como a través de los programas específicos para los diferentes campos de actuación de las empresas (como los de gestión de almacenes SGA, producción y aprovisionamiento MPS, MPR I, MPRII, CRM, protocolos web, SaaS o *software as a service,* etc.) y los elementos necesarios para la gestión, el control y la comunicación del *hard-*

ware, las organizaciones y las personas. Dentro de la logística del almacenaje y la preparación de pedidos a nivel tecnológico, se pueden citar: *hardware*, códigos de barras, *tag*, RFID *(radio frequency identification)*, pistolas lectoras, sistemas de extracción de unidades por voz *(pick to voice)* o mediante dispositivos luminosos *(pick to light* y *put to light)*, almacenes automáticos, carruseles, paternóster, *mini load* y AGV.

Aunque muchos programas para los diferentes campos de actuación de las empresas pueden funcionar de forma independiente, normalmente se utilizan los ERP como nexo de unión y de gestión. En esta unión, existen dos principios básicos, vitales para conseguir una gestión eficiente:

- **La no duplicidad de datos**
  Significa que la información no debe estar repetida en diferentes bases o ubicaciones dentro del sistema informático. Si se utiliza un ERP como base en la gestión global de la empresa y un SGA en la gestión del almacén y todas las operaciones que se realizan en él, se empleará una sola base de datos para los dos sistemas. Por ejemplo, la base de clientes y referencias de los productos normalmente se ubica en la base del ERP, y el SGA debe tomar la información de esta. La duplicidad de datos comporta un mayor tiempo de mantenimiento de las bases de datos y también incrementa la posibilidad de errores.

- **La unificación o estandarización de la nomenclatura**
  Es de vital importancia para conseguir una eficiente gestión empresarial. Los lugares, clientes, proveedores, referencias, procesos, procedimientos y cualquier dato que se introduzca en el sistema se han de identificar de una sola forma, que será siempre la misma. Normalmente los programas tienen sis-

temáticas estandarizadas, para que los datos se introduzcan siempre de la misma forma en el sistema. Por ejemplo, supóngase que la ubicación de clientes y proveedores fuera la ciudad de Barcelona y que hubiera diferentes formas de introducirla en el sistema de datos, como Barcelona, Bcn, Barna y otras. Si se utilizaran varias formas en vez de una sola estandarizada, se dificultaría la gestión tanto a nivel departamental como global y podría perderse información y provocar una toma de decisiones errónea.

En el mercado hay programas variados (ERP, SGA y otros) para todo tipo de organización, ya sea pequeña, mediana o grande, incluso algunos están sectorizados para cubrir necesidades especiales (como automoción, alimentación, grandes superficies, tiendas, textil, etc.). Muchos de ellos son de programación cerrada o privativa y otros de código abierto. Existen programas modulares que tienen un núcleo base, a partir del cual se pueden añadir diferentes partes, módulos u otros programas, según necesidades. Pueden estar ubicados en servidores de la propia organización, en servidores externos a la organización o en la nube en organizaciones externas a la empresa y a la empresa del programa (sistemas SaaS y Cloud Computing). Esta última sistemática cada vez está más extendida debido a su mayor seguridad y confidencialidad, así como por la reducción de costos que conlleva:

- Ejemplos de marcas de ERP privativo son: SAP, Navisión de Microsoft, Sage, Solmicro, CCS Agresso, Isis, Fas-5 de AS Software, Galdon software, M. Soft, Aptean.

- Ejemplos de marcas de ERP de código abierto u *open source* son: Openbravo, Openxpertya, Tiny ERP, Abanq.

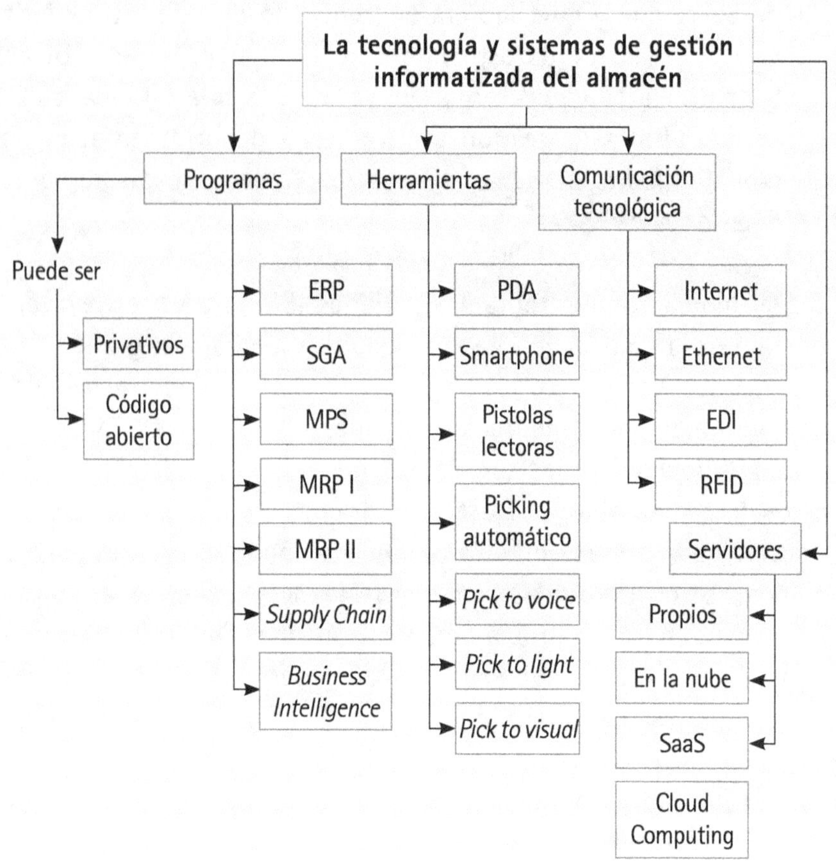

1 Codificación

La comunicación y el traspaso de información deben ser claros e inequívocos en toda la cadena logística, para responder al aumento de los productos, la globalización de los mercados y la mejora de los transportes.

La codificación y, en concreto, los códigos de barras y los códigos QR han favorecido mucho el traspaso de información y que fluya de forma continua. Hacen que todo el mundo hable un mismo idioma. El producto se identifica, ya sea de forma unitaria o de forma global, en todas las partes de la cadena de suministro.

Los códigos de barras y los códigos QR son cadenas alfanuméricas que tienen asociada una información adicional importante en los sistemas informáticos, por ejemplo, trazabilidad del producto, fecha de entrada y salida, tallas, medidas, proveedor, cliente, precio de compra, precio de venta.

Para leer los códigos de barras o los códigos QR y captar su información, se requieren sistemas tecnológicos, como pistolas lectoras con infrarrojos y una visión directa entre el lector y el código.

Para que todo el mundo hable un mismo idioma, mediante los códigos de barras, se creó la asociación EAN *(European Article Number o Asociación Europea de Codificación de Artículos)*, que se fusionó con la UCC *(Uniform Code Council)* en 2005 para formar una nueva y única organización mundial identificada como GS1, con sede en Bruselas (Bélgica). Se trata de un sistema de estándares globales que permiten la identificación y la comunicación correctas de la información de productos entre interlocutores comerciales, para mejorar la eficiencia y visibilidad de las cadenas de abastecimiento, así como la oferta y la demanda a nivel mundial y en todos los sectores. El sistema de normas GS1 es el más utilizado en la cadena de suministro de todo el mundo. GS1 opera en varios sectores económicos e industriales:

- GS1 *BarCodes* (códigos de barras).
- GS1 *eCommerce* (comercio electrónico).
- GS1 GDSN *(global data synchronisation network* o red mundial de sincronización de datos).
- *EPCglobal* (código electrónico de productos).

Figura 6.1. Ejemplo de código de barras.

En cada país se ha creado una organización dedicada a gestionar esta normativa: GS1 México, GS1 Colombia, GS1 Argentina, GS1 Chile, o Aecoc en España, por ejemplo.

En la cadena de suministro se utilizan diferentes códigos de barras. Los más habituales son GTIN-13, GTIN-14 y GS1-128, aunque también se empieza a utilizar el código QR en algunas cadenas de suministro.

Un código de barras consta de dos partes diferenciadas: el código y el símbolo. La codificación consiste en la asignación de una serie de caracteres numéricos o alfanuméricos a una unidad. En el caso de una codificación basada en el estándar GS1, constará de una serie de números únicos, globales y no ambiguos. La simbología consiste en un método específico para representar caracteres numéricos o alfabéticos en forma de códigos de barras.

+i La normativa GS1 se basa en el principio de codificación de **no ambigüedad,** que establece que cada producto y artículo debe tener un código único que lo identifique. Dos productos distintos no pueden identificarse con el mismo código GTIN *(global trade item number* o número mundial de un artículo comercial). Y un mismo producto no puede identificarse con más de un GTIN.

- **GTIN-13**

  Este código se utiliza para los productos de venta al detalle, al consumidor. Está compuesto de doce dígitos más uno de control, es decir, trece en total. Se encuentra en los productos como identificador único, en su envase unitario. También es el código que identifica de forma unitaria, a partir del año 2006, las obras escritas y en este caso se denomina ISBN *(international standard book number* o número estándar internacional de libros). Se emplea en la venta final, por ejemplo, en los comercios, para realizar un cobro. Para seguir el principio de no ambigüedad y no duplicidad, lo facilitan las diferentes organizaciones que conforman la asociación mundial GS1. La sistemática para la creación del GTIN-13 es tal como se ve en la figura 6.2, teniendo en cuenta que dos productos no pueden tener un mismo código y un producto no puede tener más de un código.

  Los dos primeros grupos son el código de país y el código de empresa, que son facilitados por la organización GS1. El tercer grupo es el código de producto, facilitado por la empresa, y el

Figura 6.2. Composición del código GTIN-13.

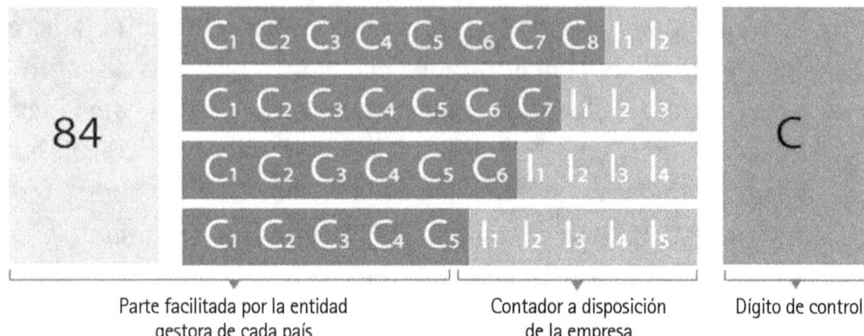

Figura 6.3. Estructura del código GTIN-13.

último grupo sirve para la verificación del resto. Con esta sistemática se pretende codificar todos los productos y sus variantes de forma única e inequívoca a nivel global. Una estructura común podría ser, por ejemplo, la de la figura 6.3.

Para facilitar la organización GS1 del código de producto, es necesario que las empresas realicen un trabajo previo de organización de su base de datos, de forma que puedan referenciar todos sus productos y variantes siguiendo los principios de no ambigüedad y no duplicidad. El dígito de control, dígito trece, se calcula en base al resto de los doce dígitos, tal como se ve en la figura 6.4.

El GTIN-13 ha de modificarse (se ha de pedir nuevo código) siempre que exista alguna de las siguientes causas:

- Si existe un cambio de atributos, ya sea de tallas, colores, aromas, etc.
- Si hay un cambio de dimensiones o de peso.
- Si se crean envases múltiples (por ejemplo, un dos por uno) o envases indivisibles.
- Si se producen cambios físicos en el envase o embalaje del producto.

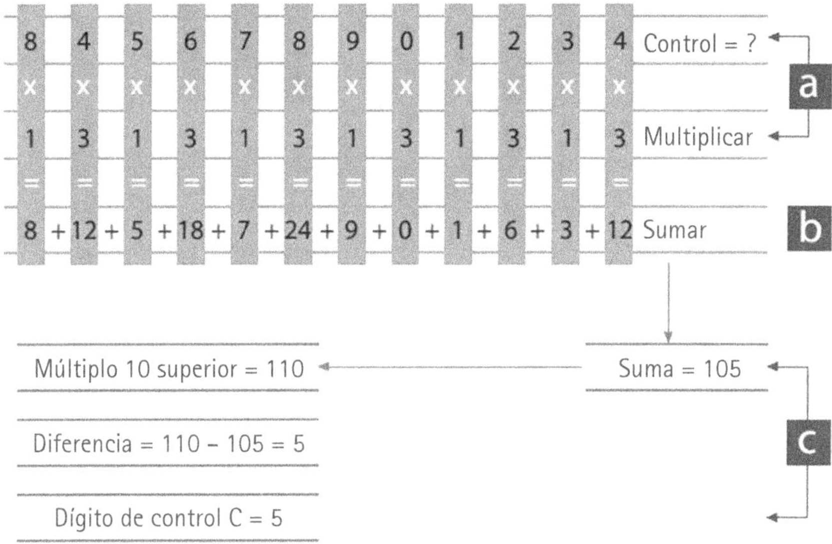

Figura 6.4. Cálculo del dígito de control del código.

Figura 6.5. Modificación del código GTIN-13 por volumen.

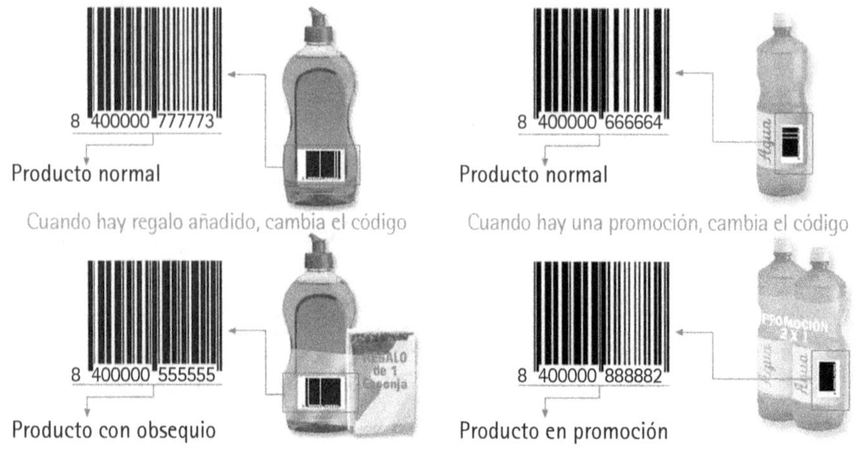

Figura 6.6. Modificación del código GTIN-13 por agrupación.

- Si se produce una modificación de la fórmula o composición del producto.
- Si hay añadidos que modifiquen las dimensiones (por ejemplo, ofertas de productos que se adjuntan a otros).

- **GTIN-14**

  Es un código de barras creado por la propia empresa como unidad comercial de distribución a partir del GTIN-13 añadiendo un digito más y realizando una serie de modificaciones que se explican más adelante. Sirve para facilitar la trazabilidad, control y gestión, a nivel de distribución y almacenaje. El GTIN-14 está destinado una agrupación de unidades de consumo y su función es facilitar la manipulación de estas, ya sea en la distribución, en la preparación de pedidos, en el almacenaje o en la recepción. Todas las agrupaciones pueden ser separadas en las unidades de consumo que la conforman. Al utilizar el código GTIN-14 en dichas agrupaciones, se está facilitando la información del producto unitario, pues contiene el código GTIN-13. El código GTIN-14 se crea realizando los siguientes pasos:

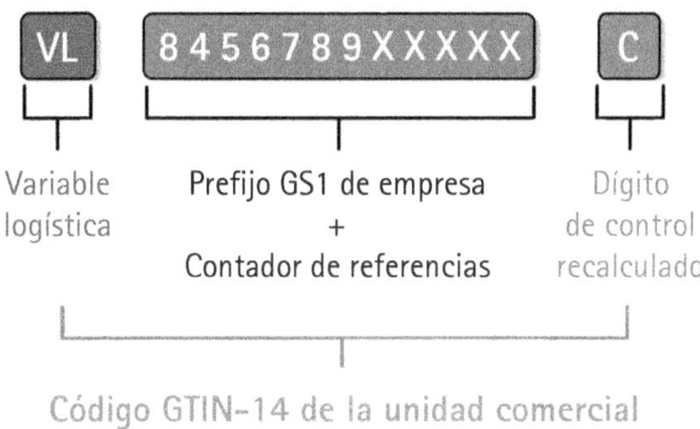

Figura 6.7. Formación del código GTIN-14.

- En primer lugar, se elimina el dígito de control que hay al final de la base del GTIN-13.
- Luego se añade, al inicio de los doce dígitos, un dígito del uno al nueve, que es la variable logística que referencia la empresa, teniendo presente los principios de no ambigüedad, no duplicidad y que el nueve es para productos con peso variable.[2]
- Por último, se recalcula el digito de control con la nueva composición, teniendo presentes los trece números actuales y realizando el mismo cálculo que en el GTIN-13. El dígito resultante del cálculo se coloca al final y de esta manera se obtienen los catorce dígitos finales del GTIN-14.

En la figura 6.8 se presenta un ejemplo gráfico de cómo pasar del producto unitario de consumo, código GTIN-13, al producto en su agrupación logística, código GTIN-14.

---

[2] Se puede solicitar a las entidades gestoras de las normas GS1 en cada país la guía de codificación de artículos de peso variable.

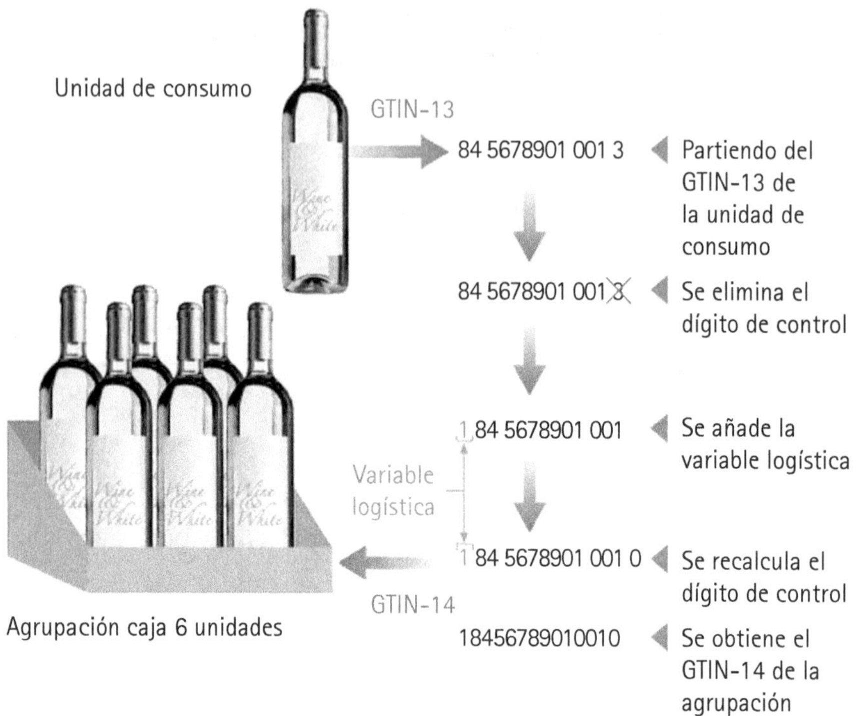

Figura 6.8. Creación del código GTIN-14.

- ## GS1-128

  Es una aplicación estándar de GS1 para la transmisión de información entre los agentes de la cadena de suministro, bajo las especificaciones del código de barras. Complementa en la cadena de suministro los códigos anteriormente citados, GTIN-13 y GTIN-14, añadiendo más información relativa al producto, como el lote, la caducidad, la fecha de producción, la fecha de envasado, etc. Siguiendo la sistemática del código de barras y la sistemática GS1, esta información se facilita de forma modular y estandarizada a nivel global mediante los identificadores de aplicación (IA). Estos

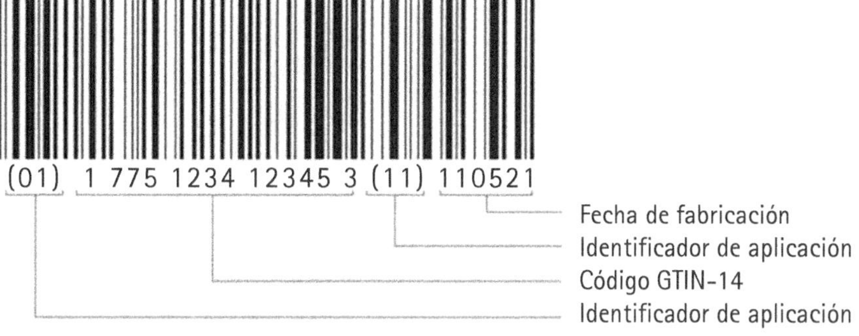

Figura 6.9. Composición del código GS1-128.

son unos prefijos numéricos que van dentro de paréntesis, creados para dar significado inequívoco a los elementos y el formato de datos estandarizados e internacionalizados que están a continuación. Otra de sus características es la concatenabilidad, es decir, la posibilidad de encadenar diversas informaciones en un solo código, creando una cadena con toda ellas. Actualmente hay más de ciento cincuenta IA que abarcan todas las posibilidades logísticas, administrativas, comerciales y de facturación.

Es un sistema identificativo que se utiliza para el entorno logístico y de la cadena de suministro, pero no para el entorno detallista. Es ideal para la identificación de cajas y palés que viajan y se mueven dentro de una cadena de suministro. En el sector de gran consumo el GS1-128 se emplea sobre todo para la trazabilidad o seguimiento de productos mediante la identificación única de cada bulto o unidad de expedición a través de una matrícula, en concreto, el código IA(00).[3]

---

[3] Conocido como *serial shipping container code* o código seriado unidad de envío.

Figura 6.10. Identificación de palé con código GT1-128.

Los IA logísticos más habituales son:

- Código seriado de la unidad de envío.
- Código GTIN-13.
- Código GTIN-14.
- (10) Número de lote o partida.
- (11) Fecha de producción.
- (13) Fecha de envasado.
- (15) Fecha mínima duración.
- (17) Fecha máxima duración.
- (30) Cantidad variable.
- (37) Cantidad.

Los IA de medidas comerciales y logísticas están entre el (310n) y el (369n) y se referencian para los diferentes sistemas, ya sean las métricas que se utilizan en Europa o las de los países de habla inglesa como Estados Unidos, por ejemplo:

- El (310n) es el peso neto en kilogramos.
- El (320n) es el peso neto en libras.
- El (356n) es el peso neto en onzas.
- El (330n) es el peso bruto en kilogramos.
- El (311n) es la longitud en metros.
- El (312n) es la anchura en metros.
- El (313n) es la altura en metros.
- El (315n) es el volumen neto en litros.
- El (316n) es el volumen neto en metros cúbicos.
- El (360n) es el volumen neto en cuartos.
- El (361n) es el volumen neto en galones (Estados Unidos).
- El (364n) es el volumen neto en pulgadas cúbicas.
- El (365n) es el volumen neto en pies cúbicos.
- El (366n) es el volumen neto en yardas cúbicas.

- **QR**

  El código QR *(quick response code)* o código de respuesta rápida, también llamado código de barras bidimensionales, es un módulo para almacenar información en una matriz de puntos. Fue creado en 1994 por una compañía japonesa subsidiaria de Toyota. Su objetivo es facilitar la lectura a alta velocidad. En Japón es el código más utilizado. Aunque inicialmente se usó para registrar repuestos en el área de la fabricación de vehículos, hoy los códigos QR se utilizan para la administración de inventarios en una gran variedad de industrias. En algunos almacenes se están realizando pruebas para cambiar el código GS1-128 por el QR. La capacidad del código QR está entre los cuatro mil y los siete mil caracteres. Reduce los errores de lectura, ya que se disminuye la pérdida de datos causada por fallos de impresión a dobleces. El espacio necesario para la impresión de este código es mucho menor que el que se requiere para el GS1-128. Es alfanumérico, de

Figura 6.11. Ejemplo de código QR.

código abierto. Muy fácil de crear, no requiere ningún tipo de máquina especial. Actualmente estos códigos se pueden leer desde el *smartphone*, el ordenador o la tableta, con aplicaciones o apps simples y gratuitas, que facilitan la lectura

Conceptos clave: codificación

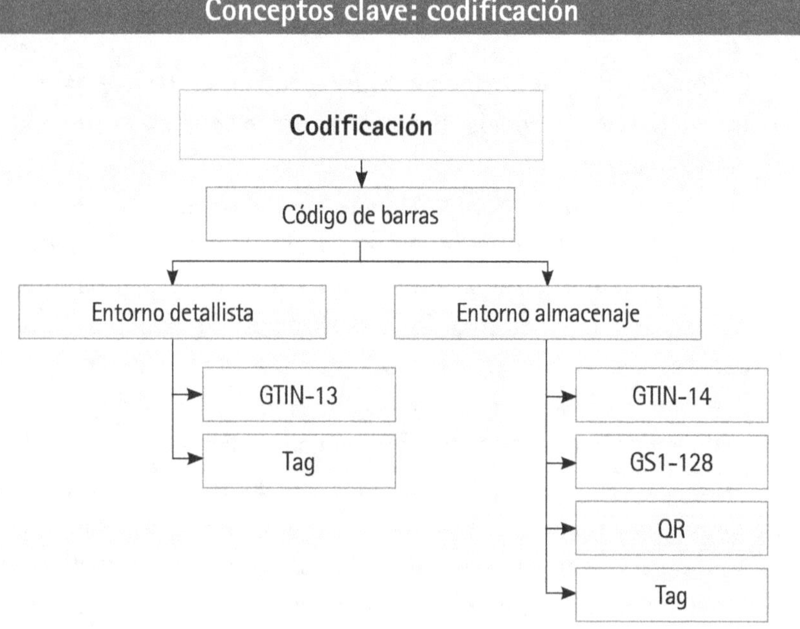

2 RFID

La RFID *(radio frequency identification* o identificación por radiofrecuencia) es una de las tecnologías que ha facilitado un mayor avance en la gestión, el control y la eficiencia del almacén. Se trata de un sistema de almacenamiento y recuperación de datos remoto que usa diferentes dispositivos, entre ellos etiquetas, tarjetas y tag. Utiliza las ondas de radio para emitir y recibir la identidad de un objeto. Algunas de las ventajas de la RFID con respecto a los lectores infrarrojos y los códigos de barras son:

- No necesita una visión directa entre el emisor y el receptor.
- Puede almacenar una mayor cantidad de datos.
- Permite añadir, modificar y eliminar datos durante su paso por la cadena de suministro.

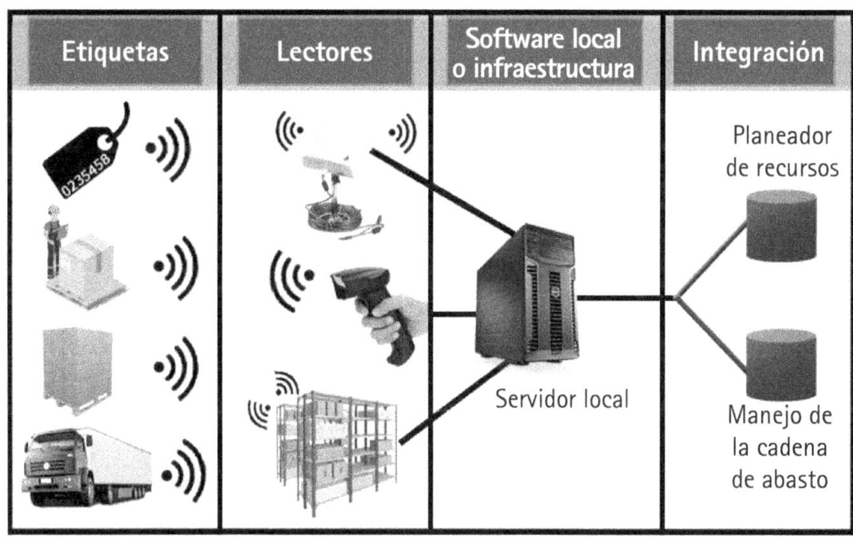

Figura 6.12. Funcionamiento del RFID.

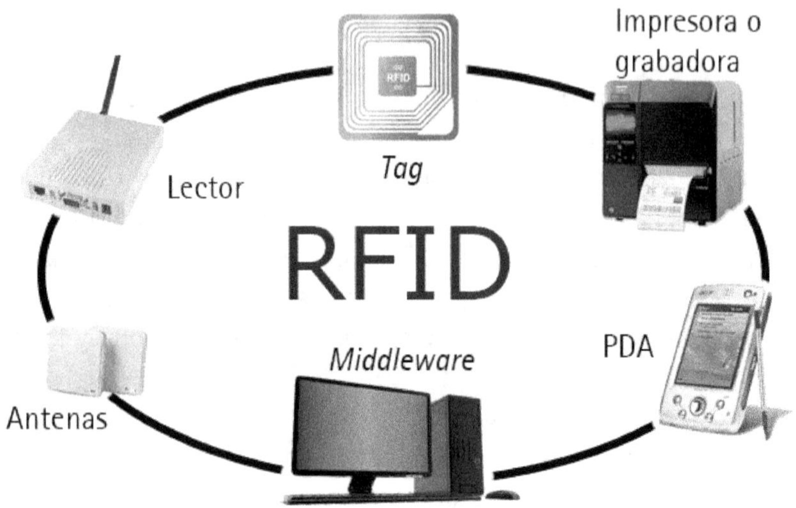

Figura 6.13. Funcionamiento del RFID.

La RFID facilita la comunicación de los sistemas lectores y receptores con el sistema informático sin necesidad de cables. Recibe y transmite información en tiempo real a toda la organización.

La transmisión de la información en tiempo real permite a las organizaciones controlar, de forma más eficiente, las existencias del almacén, ajusta las compras y reduce la posibilidad de tener productos obsoletos o caducados. Facilita información al cliente para hallar soluciones a medida de sus necesidades, reduce los costos y agiliza la gestión global de la empresa.

Las ventajas de unir la tecnología RFID y las etiquetas inteligentes o tag en el mundo empresarial son muy variadas, por ejemplo:

- Reduce los tiempos para hacer inventarios y los hace más precisos.
- Facilita el control y la gestión del almacén y de sus operaciones de forma más eficaz y eficiente.

- Trabaja en tiempo real.
- Agiliza el control y la gestión de las compras.
- Facilita la gestión y el control de las personas.
- Controla y gestiona los recursos materiales.
- Agiliza la gestión y el control de flotas.
- Permite informar a los clientes en todo momento.
- Facilita la gestión sin papeles, reduciendo los errores y ayudando a mejorar el medioambiente.

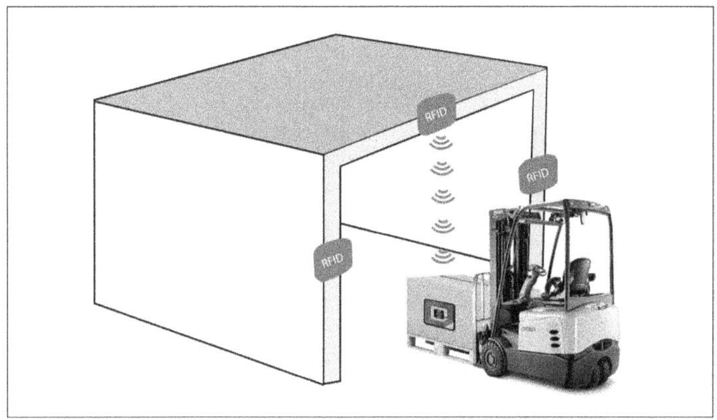

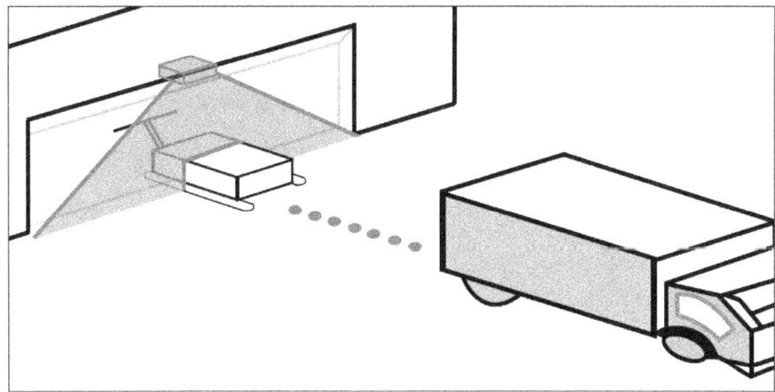

Figura 6.14. Ejemplo de funcionamiento en el almacén con RFID y tag.

Las etiquetas inteligentes, también llamadas tag o transpondedores, son unos dispositivos, normalmente etiquetas, que se adhieren a los artículos, embalajes o unidades de carga y que incorporan un chip y una antena, mediante los cuales se recibe, guarda y envía información a un sistema de emisión y recepción de RFID.

Esta sistemática de RFID y tag comporta importantes ventajas para la gestión de las empresas y sobre todo en la logística de la cadena de suministro:

- Al ser un chip, es capaz de almacenar más información que los códigos de barras o códigos QR.
- Puede guardar e intercambiar información, enviar y recibir, durante toda la cadena de suministro.
- Es fácil de leer por dispositivos RFID, sin necesidad de visión directa, aunque las etiquetas estén dentro de las cajas o junto a otras diferentes.

La expansión a nivel global de las etiquetas inteligentes tropieza con tres obstáculos. En primer lugar, no ofrecen fiabilidad total, es decir, no

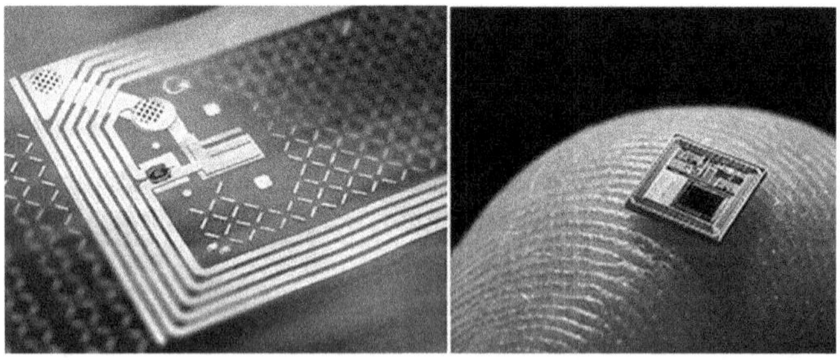

Figura 6.15. Etiqueta inteligente de RFID.

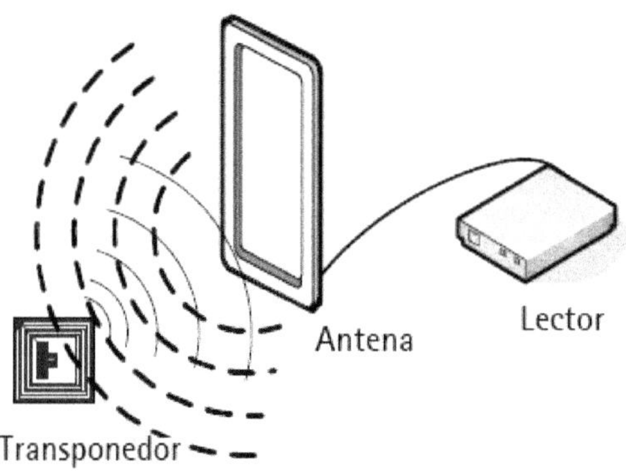

Figura 6.16. Funcionamiento de los tag.

hacen siempre una lectura a la primera. Por otro lado, los tag pueden ser leídos por terceros con un simple escáner con RFID. Esto resulta más difícil de solucionar, ya que afecta a la libertad de las personas y a su derecho de protección de datos. Por último, su costo aún es elevado.

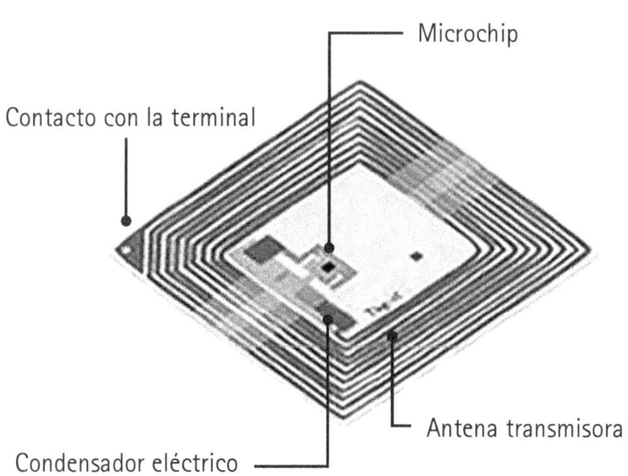

Figura 6.17. Etiqueta inteligente o tag.

Las etiquetas inteligentes y la RFID son unas tecnologías incipientes que están en constante evolución. Se utilizan en campos distintos a los del almacenaje y la distribución en toda la cadena de distribución. Por ejemplo, en medicina, para el control de pacientes; en veterinaria, para el control o censo de animales; y en automoción, incorporadas en las llaves de muchos vehículos.

Existen tres tipos diferentes de tag dependiendo de la tipología de alimentación que tengan y su funcionalidad:

- **Tag pasivos:** no disponen de alimentación eléctrica. Solo responden si reciben la señal del emisor-receptor que ha de estar entre los 10 cm (ISO 14443) y unos pocos metros (EPC e ISO 18000-6) de distancia, dependiendo del tamaño de la antena. Pueden ser muy pequeños y su costo es bajo.

- **Tag semipasivos:** disponen de una fuente de alimentación propia, que sirve principalmente para alimentar al microchip, pero no para transmitir la señal. Esto permite que su ratio de lectura sea

Figura 6.18. Etiqueta inteligente o tag pasivo.

Figura 6.19. Etiqueta inteligente o tag semipasivo.

mayor y más fuerte. Son más fiables y pueden contener más información que los tag pasivos. La durabilidad de la batería o fuente de alimentación es muy elevada.

- **Tag activos:** igual que los semipasivos, disponen de alimentación autónoma mediante una batería o pila. Son los más fiables, por su facilidad para conectarse con el emisor-receptor y su mayor potencia. Resultan especialmente útiles en entornos difíciles, como el agua o con fuentes muy fuertes de hierro y derivados, que en los tag anteriores dificultan o impiden transmitir y recibir información. Al ser más potentes, su radio de acción es mayor. Son más grandes que los pasivos y su costo es bastante más elevado. Pueden integrar sensores, por ejemplo, de humedad, vibraciones, luz y temperatura. Tienen una capacidad de almacenamiento elevada y pueden incorporar datos enviados mediante el emisor-receptor. La batería dura varios años, menos que la de los tag semipasivos.

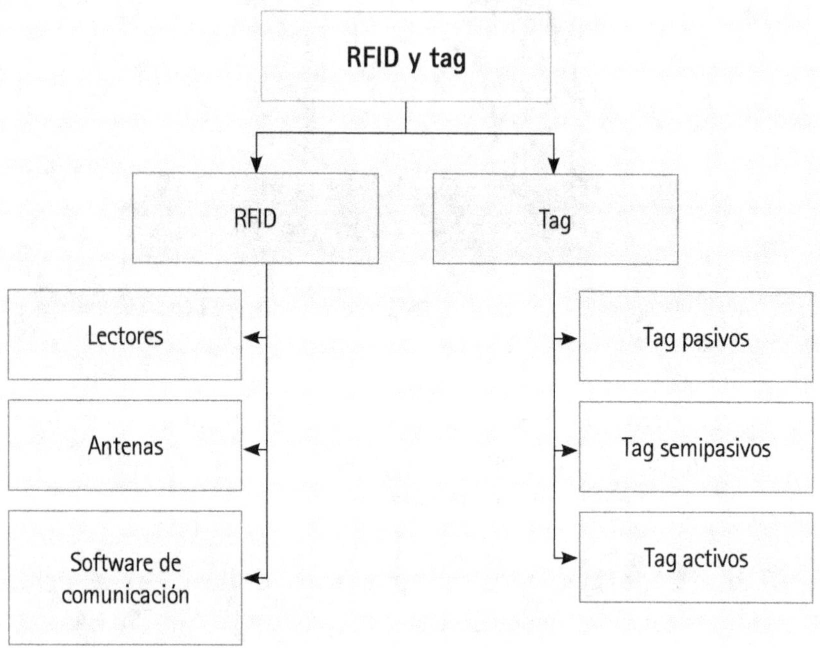
RFID y tag
RFID
Tag
Lectores
Antenas
Software de comunicación
Tag pasivos
Tag semipasivos
Tag activos

Capítulo 7

Técnicas de preparación de pedidos

1   Modos operativos de la preparación de pedidos

La preparación de pedidos es una de las actividades más complejas del almacén y uno de los factores clave del nivel de servicio a los clientes. En la preparación de pedidos hay que distinguir, por un lado, las personas y el sistema de extracción de los productos de su ubicación y, por otro, el recorrido que realizaran:

- **Las personas y la extracción del producto a preparar**
  - Un pedido preparado por una persona es de extracción individual.
  - Un pedido preparado por varias personas es de extracción individual dividida.
  - Varios pedidos preparados por una persona son de extracción conjunta.
  - Varios pedidos preparados por varias personas son de extracción conjunta dividida.

- **El recorrido, el movimiento de las personas**
  - Persona al producto.
  - Producto a la persona.
  - Mezcla de los dos puntos anteriores.

La conjunción de las personas, la extracción y los recorridos de las mismas crean las cuatro técnicas o modos operativos más utilizados en la preparación de pedidos.

- **Una persona un pedido – persona al producto**
  Normalmente la persona se desplaza hasta el producto de forma manual (a pie) o mecánica.

  Para minimizar recorridos, reducir tiempos y aumentar la productividad, debe haber una buena planificación del orden de recogida de los productos en la preparación de pedidos y su sistemática y disponerse de un ABC correcto y actualizado. Para conseguir el mejor rendimiento y la mayor productividad con esta sistemática de preparación de pedidos se requiere que:

  - La cantidad de pedidos sea baja o media, al igual que la cantidad de líneas por pedido.
  - Las cantidades mínimas sean cajas o palés.

Figura 7.1. Una persona un pedido - persona al producto.

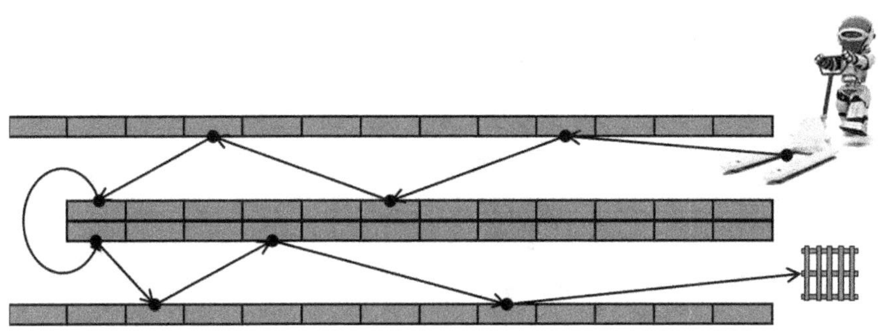

Figura 7.2. Posible recorrido de preparación una persona un pedido.

- El tamaño del almacén sea pequeño o medio.
- Las distancias recorridas sean cortas o medias.
- Se utilicen medios manuales, como carritos y transpaletas, o máquinas más sofisticadas, como las carretillas contrapesadas.
- La gestión de la extracción de unidades se pueda hacer mediante papel o a través de sistemas informáticos más complejos, con herramientas como las pistolas lectoras de código de barras o los sistemas de preparación de pedidos por voz o por visión.

- **Varias personas un pedido – producto a la persona**
  Normalmente los productos se desplazan hasta las personas que preparan los pedidos, ya sea de forma automática o manual.

  En este sistema hay que abastecer la zona de preparación de pedidos o los lineales para la extracción de unidades. Se debe hacer una extracción masiva de productos en existencias para después desagruparlos en los diferentes pedidos, zonas o lineales. Esta operación de abastecimiento también puede considerarse como una fase previa de la preparación de pedidos. Los recorridos

Figura 7.3. Varias personas un pedido - producto a la persona.

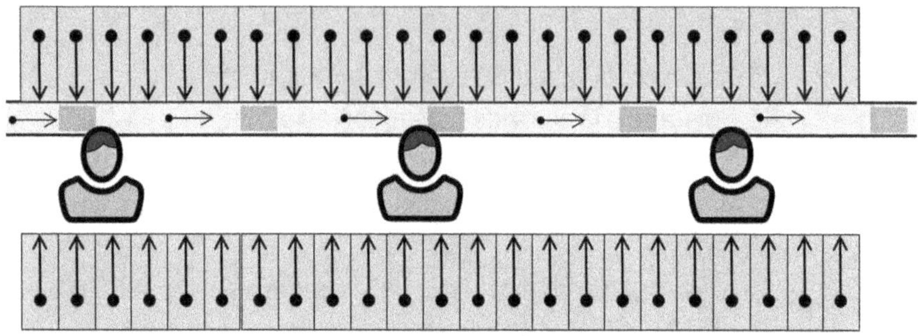

Figura 7.4. Posible sistemática. Varias personas un pedido.

de las personas han de ser mínimos. Es importante disponer de un ABC correcto y actualizado para gestionar el espacio de preparación de pedidos, sea en zonas o en lineales, de acuerdo a las necesidades de los pedidos. Para conseguir un mejor rendimiento y mayor productividad con este sistema, se requiere que:

- La cantidad de pedidos sea media o alta, al igual que la cantidad de líneas por pedido.
- La cantidad mínima por producto de salida sea en unidades o en cajas.

- El tamaño del almacén sea medio o grande.
- Las distancias recorridas para el abastecimiento de las líneas de preparación de pedidos sean medias o largas.
- El abastecimiento se realice normalmente de palé completo o medio palé.
- Los medios materiales a utilizar pueden ser desde manuales, como mesas de preparación de pedidos, a automáticos, como las cintas transportadoras, paternóster, carruseles horizontales, almacenes automáticos o sistemas de extracción de unidades de las estanterías tipo *pick to light*. La gestión del abastecimiento y la preparación de pedidos utilizan sistemas informáticos, con programas SGA y con herramientas como las pistolas lectoras de código de barras o sistemas *pick to light*.

Este sistema se utiliza, por ejemplo, en las cadenas de suministro de comercio electrónico. En concreto, lo emplean los operadores logísticos que realizan la preparación de los pedidos y la distribución final hasta el cliente.

- **Una persona varios pedidos – persona al producto**
  Normalmente la persona se desplaza hasta el producto de forma manual o mecánica.

  Esta sistemática conlleva una doble planificación y gestión: por un lado, la recogida de los productos de agrupación en cantidades elevadas y, por otro, la disgregación de estos en los pedidos de los clientes. La sistemática ABC permite reducir tiempos y recorridos y de esta forma aumentar la productividad. Para conseguir el mejor rendimiento de esta sistemática se requiere que:

  - La cantidad de pedidos sea entre media y media-alta.
  - La cantidad de líneas por pedido sea media.

- La cantidad mínima por producto sea en cajas, medio palé o palé entero.
- El tamaño del almacén sea medio.
- La distancia en los desplazamientos sea media.

Los medios que habitualmente se utilizan con esta sistemática son las carretillas preparadoras, normalmente con capacidad mínima de dos palés, carretillas preparadoras a dos o más alturas o carretillas transportacarros. El sistema de gestión de la prepa-

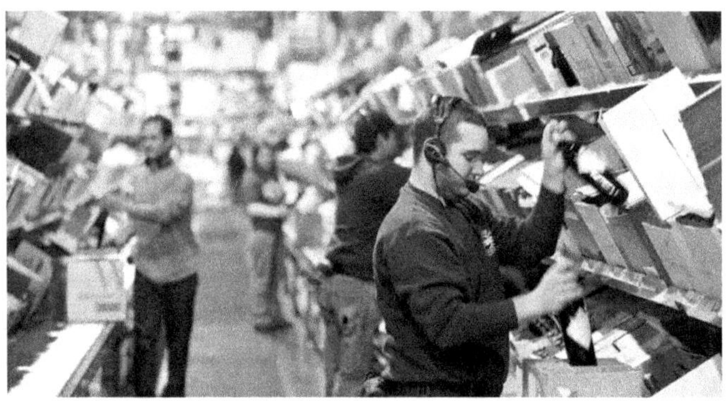

Figura 7.5. Una persona varios pedidos - persona al producto.

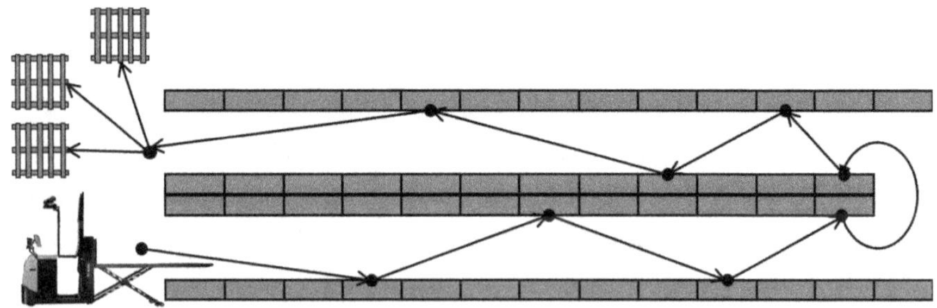

Figura 7.6. Posible recorrido de preparación una persona varios pedidos.

ración de pedidos utiliza recursos informáticos, con herramientas como las pistolas lectoras de código de barras, sistemas de extracción de las unidades por voz o por visión. Este sistema se utiliza normalmente en las organizaciones que, por sus infraestructuras y por la tipología y la cantidad de artículos, necesitan operar a dos o más alturas para extraer las unidades de producto de las estanterías.

- **Varias personas varios pedidos – persona al producto y producto a la persona**
  Esta sistemática es una mezcla de las anteriores. Por un lado, las personas se desplazan hasta los productos para preparar estos cuando así lo requieran por sus características. A la vez, en el mismo pedido puede haber productos para cuya preparación sea más idóneo aplicar un sistema de producto a la persona. Esta doble sistemática incluye diferentes operaciones que conllevan una gestión más compleja:

  - Primero se debe desfragmentar el pedido y separar los productos que se han de preparar con el sistema de persona al producto de los de producto a la persona. Esta división del pedido puede estar justificada por la tipología de los productos (barras roscadas de 3 m y tornillos de 10 cm), por las necesidades técnicas o de almacenaje del mismo (por ejemplo, un producto fresco y un producto congelado) o por necesidades de gestión diferenciada, como puede ser la cantidad pedida (si en un mismo pedido, el cliente pide unidades de un producto y pales completos de otro, la preparación en sí misma es diferente).
  - Una vez desfragmentado, se preparan los pedidos de forma independiente, siguiendo la sistemática correspondiente de persona al producto (para los productos de gran tamaño

o gran cantidad, por ejemplo) o de producto a la persona (en las zonas de extracción de unidades de producto o en los lineales con sistemas *pick to light,* teniendo presente el abastecimiento de las mismas).
   – Una vez preparado de forma desagrupada, se realiza la consolidación del pedido del cliente para realizar una sola expedición y envío siempre que sea posible.

Al ser una sistemática combinada de las anteriores, es muy importante utilizar sistemas informáticos que faciliten su gestión y control para conseguir una mayor pproductividad. Este sistema se utiliza en las cadenas de suministros con productos muy variados, de características físicas, necesidades técnicas o gestión muy diferentes entre sí y sistemas de ventas de comercio electrónico.

2   Elementos tecnológicos en la preparación de pedidos

Los elementos y las máquinas utilizados en la preparación de pedidos varían desde los sistemas más simples (un cuaderno de papel y un lápiz o bolígrafo) hasta los más automatizados y provistos de las más avanzadas tecnologías. Dependiendo del grado de mecanización del almacén, la necesidad de emplear recursos humanos puede ser mayor o menor. También, en función de la tecnología empleada, el desplazamiento de las personas o del producto puede tender a ser en sentido horizontal o vertical. Los sistemas de preparación de pedidos más conocidos son los que se detallan en las fichas 34 a 53.

34. Preparación manual

- Los elementos más habituales son el papel y el lápiz o bolígrafo.
- Los listados para la preparación de pedidos se hacen en hojas, escritas a mano o impresas mediante sistemas informáticos.
- El sistema de preparación es de persona al producto.
- Los recorridos de preparación son cortos o muy cortos.
- Los pedidos se preparan normalmente a ras de suelo.
- Se necesitan muchos recursos humanos.
- Se prepara pedido a pedido.
- Los almacenes son pequeños o muy pequeños.
- Los productos son de poco peso y volumen.
- Normalmente la cantidad de pedidos es baja.

35. Extracción de unidades con transpaleta manual o eléctrica

- Los elementos más habituales son el papel y el lápiz o bolígrafo y la transpaleta manual o eléctrica. También pueden utilizarse sistemas lectores de códigos de barras.
- Los listados para la preparación de pedidos se hacen en hojas, escritas a mano o impresas mediante sistemas informáticos.
- El sistema de preparación es de persona al producto.
- Los recorridos de preparación son cortos.
- Se necesitan muchos recursos humanos.
- Normalmente se prepara un pedido a la vez, con posibilidades de más de uno.
- Los almacenes son pequeños.
- Los productos son de poco peso y volumen bajo o medio.
- Normalmente la cantidad de pedidos es baja o media.

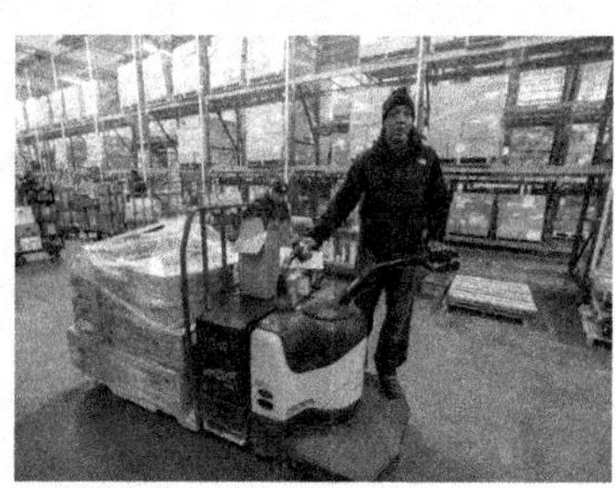

36. Extracción de unidades con preparador de pedidos eléctrico

- Los elementos más habituales son los sistemas lectores de códigos de barras o de extracción de unidades por voz o visual, y los preparadores de pedidos eléctricos.
- Pueden utilizarse listados impresos mediante sistemas informáticos o también sistemas lectores o de extracción de unidades por voz o por visión y de RFID.
- El sistema de preparación es de persona al producto.
- Los recorridos de preparación son cortos y medios.
- Requiere recursos humanos.
- Se pueden preparar varios pedidos a la vez.
- Los almacenes son medianos.
- Los productos son de peso y volumen medio.
- Normalmente la cantidad pedidos es media y media alta.

37. Extracción de unidades con preparador de pedidos eléctrico elevador

- Los elementos más habituales son los sistemas lectores de códigos de barras o de extracción de unidades por voz o por visión, y los preparadores de pedidos eléctricos elevadores.
- Pueden utilizarse listados impresos mediante sistemas informáticos o también sistemas lectores o de extracción de unidades por voz o por visión y de RFID.
- El sistema de preparación es de persona al producto.
- Los recorridos de preparación son medios.
- Requiere recursos humanos.
- Se pueden preparar varios pedidos a la vez.
- Los almacenes son medianos.
- Los productos son de peso y volumen medio.
- Normalmente la cantidad pedidos es media y media alta.

38. Extracción de unidades con preparador de pedidos eléctrico de doble altura

- Los elementos más habituales son los sistemas lectores de códigos de barras o de extracción de unidades por voz o por visión, y los preparadores de pedidos eléctricos elevadores.
- Pueden utilizarse listados impresos mediante sistemas informáticos o también sistemas lectores o de extracción de unidades por voz o por visión y de RFID.
- El sistema de preparación es de persona al producto.
- Los pedidos se pueden preparar a doble altura o más.
- Los recorridos de preparación son cortos y medios.
- Requiere recursos humanos.
- Normalmente se prepara un pedido a la vez, pero puede prepararse más de uno.
- Los almacenes son medianos.
- Los productos son de peso y volumen medio.
- Normalmente la cantidad pedidos es media y media alta.

39. Extracción de unidades con preparador de pedidos eléctrico de altura variable, niveles altos

- Los elementos más habituales son los sistemas lectores de códigos de barras o de extracción de unidades por voz o por visión y los preparadores de pedidos eléctricos a altura variable con persona arriba.
- Pueden utilizarse sistemas lectores o de extracción de unidades por voz o por visión y de RFID o también listados impresos mediante sistemas informáticos.
- El sistema de preparación es de persona al producto.
- Se preparan pedidos a altura variable, normalmente superior a dos niveles.
- Los recorridos de preparación son medios.
- Requiere recursos humanos.
- Se pueden preparar varios pedidos a la vez.
- Los almacenes son medianos y altos.
- Los productos son de peso y volumen medio.
- Normalmente la cantidad pedidos es media y media alta.

40. Extracción de unidades con carretilla filoguiada AGV

- Los elementos más habituales son los sistemas lectores de códigos de barras o de extracción de unidades por voz o por visión, y las carretillas filoguiadas.
- Se utilizan normalmente sistemas lectores o de extracción de unidades por voz o por visión y de RFID, o también listados impresos mediante sistemas informáticos.
- Dispone de transporte del producto automatizado siguiendo a la persona.
- El sistema de preparación es de persona al producto.
- Los recorridos de preparación son medios o medios largos.
- Requiere recursos humanos.
- Se pueden preparar varios pedidos a la vez.
- Los almacenes son medianos o grandes.
- Los productos son de peso y volumen medio.
- Normalmente la cantidad pedidos es media y media alta.

41. Extracción de unidades manual con pistola lectora

- Cuenta con sistema de extracción con pistola lectora, RFID y sistemas informáticos.
- Normalmente no se utilizan listados ya que la información del pedido está en la pantalla del lector.
- Dispone de un lector de infrarrojos para leer los códigos de barras de la ubicación y del producto.
- Se prepara a nivel de suelo o en altura.
- El sistema de preparación de pedidos es de persona al producto.
- Pueden utilizarse otros sistemas para el transporte del producto, como la transpaleta, la carretilla elevadora y las preparadoras de pedidos.
- La pistola lectora dificulta el movimiento de las manos.
- Los almacenes son pequeños.
- Los recorridos son cortos o medios.
- La extracción se hace por cajas o por unidades.
- Se puede preparar un pedido a la vez.
- Los productos son de peso y volumen bajo.
- Requiere recursos humanos.
- Normalmente la cantidad de pedidos es baja o media.

42. Extracción de unidades de ropa colgada

- Utiliza sistemas informatizados de gestión.
- Dispone de listados impresos o sistemas de información en pantalla, ya sea táctil o no.
- El sistema de preparación de pedidos es de producto a la persona.
- Los almacenes son medianos semiautomatizados.
- La ropa colgada se extrae en cajas.
- Se prepara a nivel de suelo.
- Las personas no necesitan hacer recorridos.
- Normalmente el producto se mueve mediante raíles y las cajas, con rodillos.

43. Extracción de unidades con sistema *pick to light*

- Utiliza sistemas informatizados de gestión de pedidos.
- Funciona mediante indicadores de luces, pantalla o visor y botones de confirmación.
- Los indicadores lumínicos indican dónde se ha tomar el producto y en qué cantidad.
- Los pedidos se preparan sin papeles.
- Se preparan a nivel de suelo.
- El sistema de preparación de pedidos es de producto a la persona.
- Se requiere una fase de abastecimiento para rellenar el sistema.
- Normalmente la cantidad pedidos es grande.
- Se preparan por unidades.
- Las personas no necesitan hacer recorridos o estos son muy cortos.
- Normalmente el producto se mueve en cajas mediante rodillos.
- Puede aplicarse junto a otros sistemas, como el *put to light*.

44. Extracción de unidades con sistema de *pick to voice* y lector de códigos

- Utiliza sistema con lector de códigos de barras de dedo mediante infrarrojos, pantalla de brazo más extracción de unidades por voz.
- Las manos tienen libertad de movimientos.
- Dispone de sistemas informatizados de gestión de pedidos.
- Los pedidos se preparan sin papeles.
- El sistema de preparación de pedidos es de producto a la persona.
- Se preparan a nivel de suelo pero también a niveles elevados.
- Los almacenes son medianos.
- Se utilizan otros sistemas para el transporte del producto, como tla transpaleta, la carretilla elevadora y las preparadoras de pedidos.
- Se puede preparar más de un pedido a la vez.

45. Extracción de unidades automático de palés

- Utiliza sistemas automáticos, normalmente de palés monoreferencia y en algunos casos de cajas.
- La gestión está totalmente informatizada, sin necesidad de papeles.
- El sistema de preparación de pedidos es de producto a la persona.
- Recibe una cantidad elevada de pedidos.
- Las cantidades por pedidos son elevadas .
- Normalmente el producto se mueve mediante sistemas automatizados de rodillos o sistemas de transporte automático.
- Requiere pocos recursos humanos.

- Utiliza sistemas automáticos de unidades de producto.
- Los productos son de poco volumen y medidas pequeñas.
- La gestión está totalmente informatizada, sin necesidad de papeles.
- El sistema de preparación de pedidos es de producto a la persona.
- Recibe una cantidad elevada de pedidos con muchas líneas pero pocas unidades por línea.
- Normalmente el producto se mueve mediante sistemas automatizados de rodillos o sistemas de transporte automático.
- Requiere pocos recursos humanos.

- Utiliza sistemas automáticos, normalmente de unidades de producto.
- La gestión está totalmente informatizada, sin necesidad de papeles.
- El sistema de preparación de pedidos es de producto a la persona.
- Recibe una cantidad de pedidos media.
- La cantidad por pedido es baja.
- Se pueden preparar varios pedidos a la vez.
- Normalmente el producto se mueve mediante sistemas automatizados de rodillos o sistemas de transporte automático.
- Requiere pocos recursos humanos.
- Se adapta a las necesidades de la empresa, ya sea en medidas como por otras características, por ejemplo, la temperatura controlada positiva o negativa.

48. Extracción de unidades manual con carro adaptado

- Los elementos más habituales son el papel y el lápiz o bolígrafo, pero también se pueden utilizar pistolas lectoras.
- Los listados para la preparación de pedidos se hacen en hojas, ya sean escritas a mano o impresas mediante sistemas informáticos.
- El sistema de preparación es de persona al producto.
- Los recorridos de preparación son cortos.
- Se pueden preparar varios pedidos a la vez.
- Los pedidos se preparan normalmente a ras de suelo.
- Se requieren muchos recursos humanos.
- Los almacenes son pequeños o muy pequeños .
- Los productos son de poco peso y volumen.
- Normalmente la cantidad pedidos es baja.

49. Extracción de unidades con sistema de *pick to visual*

- Los pedidos se preparan mediante sistemas por visión y por voz.
- Las manos tienen libertad de movimientos.
- Utiliza sistemas informatizados de gestión de pedidos.
- Los pedidos se preparan sin papeles.
- El sistema de preparación de pedidos es de persona al producto.
- Los pedidos se preparan a nivel de suelo pero también a niveles elevados.
- Los almacenes son de todo tipo .
- Utiliza otros sistemas para el transporte del producto, como la transpaleta, la carretilla elevadora y las preparadoras de pedidos.
- Se prepara un pedido a la vez.
- Se puede utilizar para otros menesteres como mantenimiento.
- Existe la posibilidad de conexión remota, ethernet e internet.

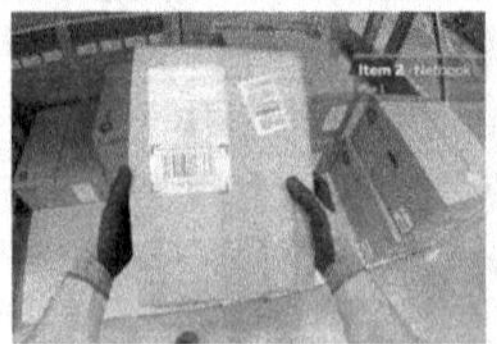

50. Extracción de unidades automático *sorter*

- Utiliza sistemas automáticos normalmente de cajas o unidades de producto.
- La gestión está totalmente informatizada, sin necesidad de papeles.
- El sistema de preparación de pedidos es de producto a la persona.
- Tiene una cantidad elevada de pedidos y líneas.
- Normalmente el producto se mueve mediante sistemas automatizados de rodillos o sistemas de transporte automático que alguien alimenta.
- Requiere recursos humanos al final del *sorter* o elemento de clasificación automática para ubicar los productos.
- Se pueden preparar varios pedidos a la vez.

51. Extracción de unidades con sistema *put to light* y *pick to voice*

- Utiliza sistemas informatizados de gestión de pedidos.
- Funciona mediante indicadores de luces, pantalla o visor y botones de confirmación.
- Los indicadores lumínicos indican dónde se ha de poner el producto y la cantidad a colocar.
- Los pedidos se preparan sin papeles.
- Los pedidos se preparan a nivel de suelo.
- El sistema de preparación de pedidos es de persona al producto.
- La cantidad pedidos es alta, con pocas líneas y productos.
- Los pedidos se preparan normalmente por unidades.
- Se pueden preparar varios pedidos a la vez.
- Los recorridos de las personas son cortos o medios.
- Normalmente el producto se mueve en carros empujados por la persona.
- Puede realizarse junto a otros sistemas como el *pick to light*.

- Utiliza diferentes sistemas de preparación de pedidos, empezando por un *pick to light* alimentado por un *mini load* y después un carro con sistemática *put to light*.
- Dispone de sistemas informatizados de gestión de pedidos.
- Los pedidos se preparan sin papeles.
- El sistema de preparación de pedidos es de producto a la persona para seguir con persona al producto.
- La cantidad pedidos es alta.
- Los pedidos se preparan normalmente por unidades.
- Se pueden preparar varios pedidos a la vez.
- Los pedidos se preparan a nivel de suelo.
- Los almacenes son medianos y grandes.
- Se prepara un pedido a la vez.

- Utiliza un sistema informatizado de gestión de pedidos.
- Utiliza un sistema de preparación de pedidos mediante la comunicación por voz entre la persona y el SGA.
- La persona recibe las ordenes en los auriculares y confirma mediante la voz
- Las manos tienen libertad de movimiento.
- Los pedidos se preparan sin papeles.
- El sistema de preparación de pedidos es de persona al producto.
- Los pedidos se preparan a nivel de suelo pero también a niveles elevados.
- Los almacenes son de todo tipo .
- Utiliza otros sistemas para el transporte del producto, como la transpaleta, la carretilla elevadora y las preparadoras de pedidos.
- Se prepara un pedido a la vez.
- Puede utilizarse junto a otros sistemas de preparación de pedidos como el pick to visual o el *put to light*.

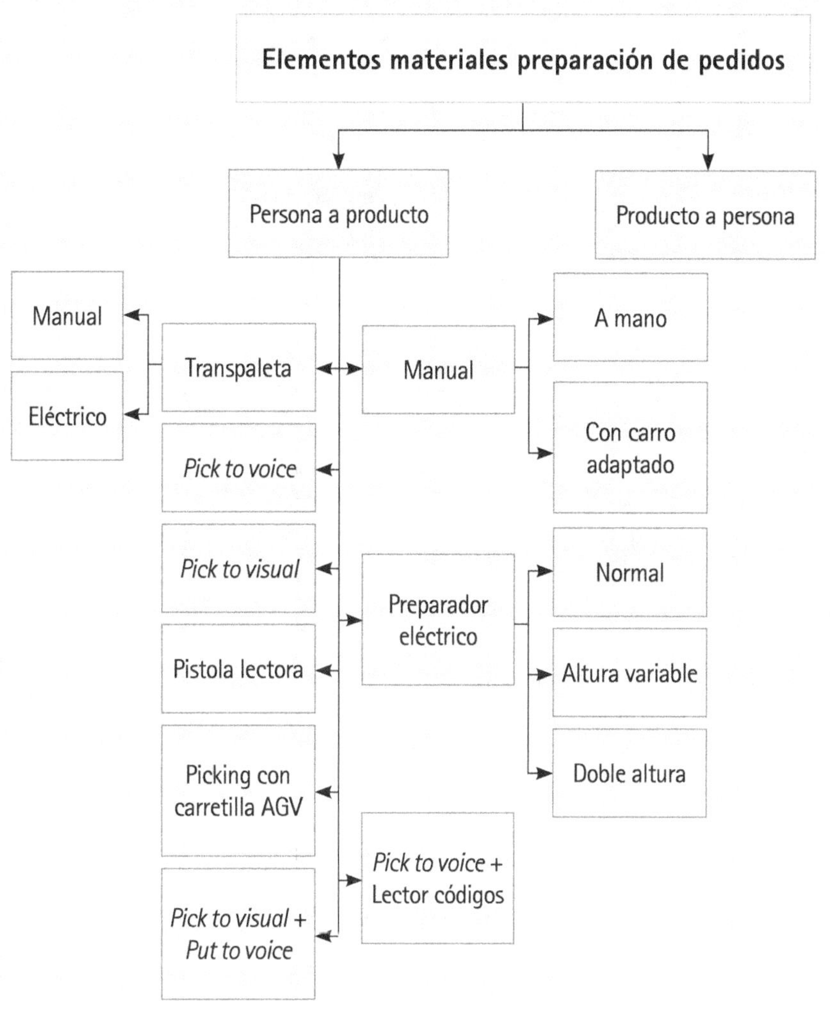
Elementos materiales preparación de pedidos
Persona a producto
Producto a persona
Manual
Eléctrico
Transpaleta
Pick to voice
Pick to visual
Pistola lectora
Picking con carretilla AGV
Pick to visual + Put to voice
Manual
Preparador eléctrico
Pick to voice + Lector códigos
A mano
Con carro adaptado
Normal
Altura variable
Doble altura

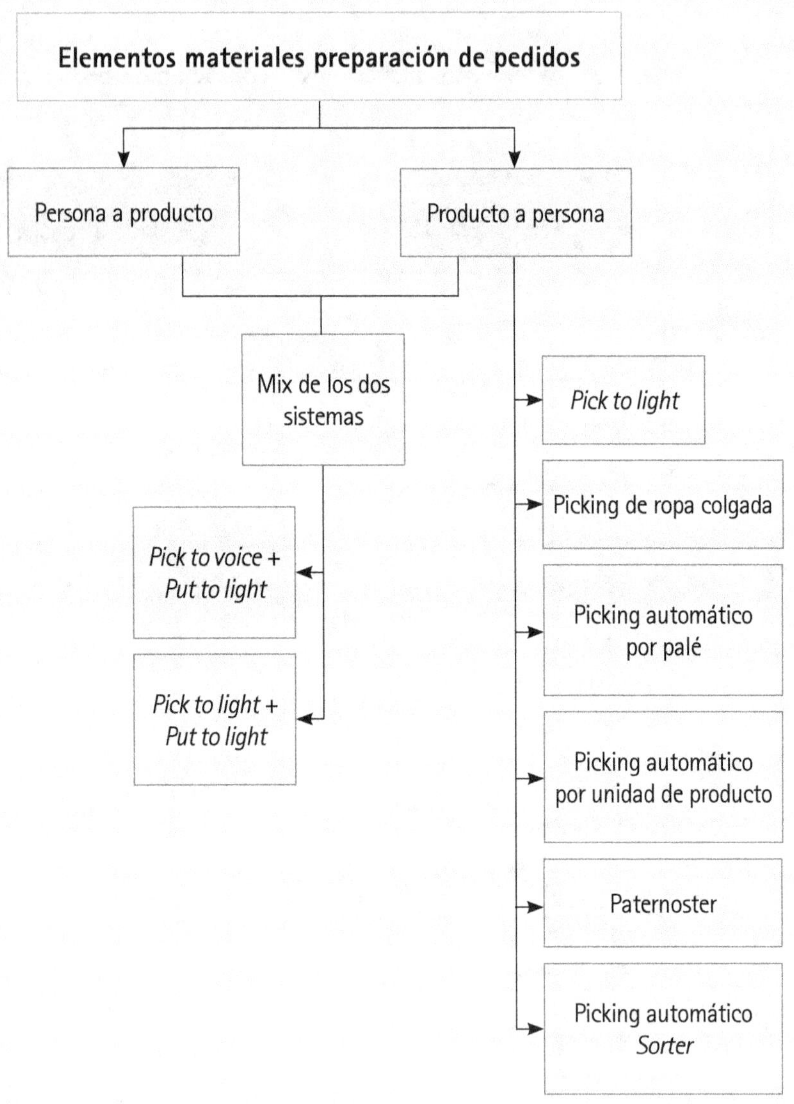

Elementos materiales preparación de pedidos
Persona a producto
Producto a persona
Mix de los dos sistemas
Pick to light
Picking de ropa colgada
Pick to voice + Put to light
Picking automático por palé
Pick to light + Put to light
Picking automático por unidad de producto
Paternoster
Picking automático Sorter

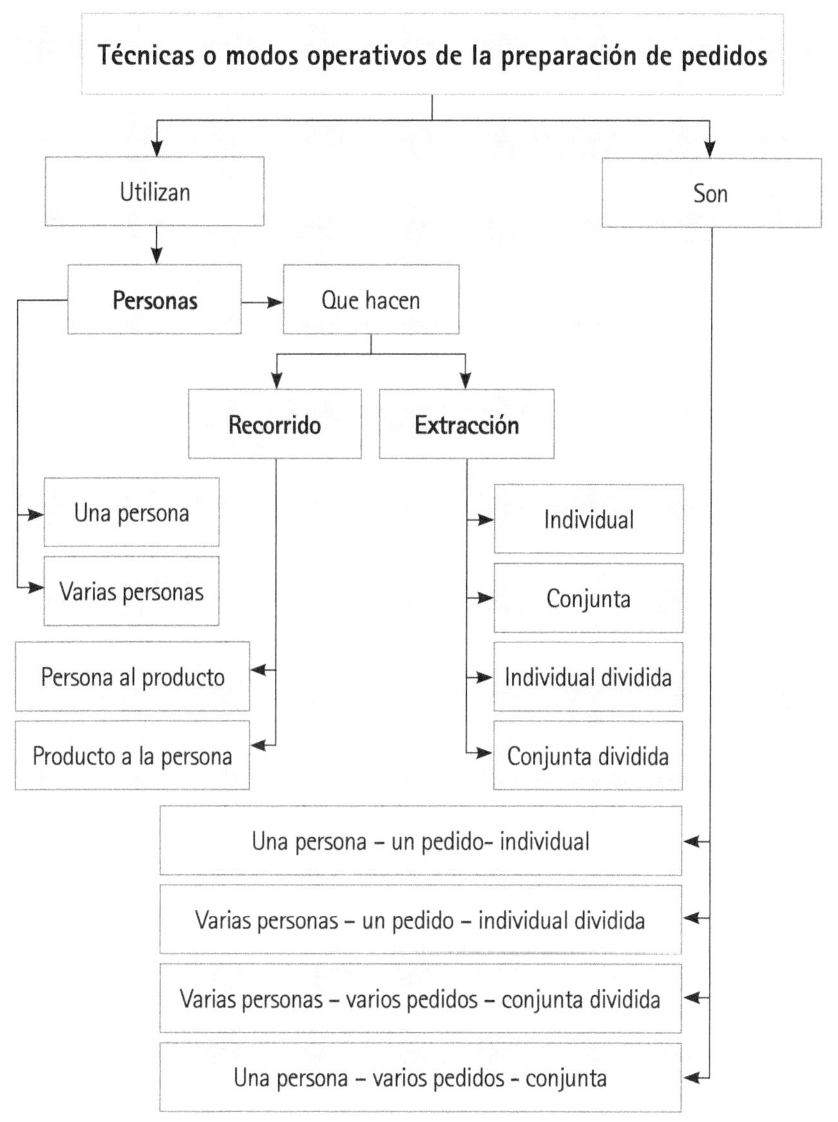

Técnicas o modos operativos de la preparación de pedidos
Utilizan
Son
Personas
Que hacen
Recorrido
Extracción
Una persona
Varias personas
Persona al producto
Producto a la persona
Individual
Conjunta
Individual dividida
Conjunta dividida
Una persona – un pedido- individual
Varias personas – un pedido – individual dividida
Varias personas – varios pedidos – conjunta dividida
Una persona – varios pedidos - conjunta

Glosario

abastecer
Proveer a una persona física u organización de los productos, mercancías o servicios que necesita.

agrupar
Unir productos o mercancías para formar un grupo o bloque, siguiendo un criterio determinado.

AGV
(Automated guided vehicle o vehículo de guiado automático). Vehículo guiado automáticamente mediante sistemas de filoguiado, ferroguiado, optoguiado o radio láser.

almacén
Espacio físico, recinto cubierto o descubierto, edificio, etc., acondicionado para recepcionar, albergar y custodiar materiales y mercancías, bien sean materias primas, productos semielaborados o terminados y preparados para su distribución, y que permite su clasificación, manipulación y control.

Un almacén debe disponer de zonas diferenciadas para:

- Carga y descarga de vehículos.
- Recepción de mercancías.
- Almacenaje.
- Manipulación y acondicionamiento de productos.
- Preparación de pedidos.
- Expedición.

almacén caótico
Almacén en el que la ubicación de las mercancías se lleva a cabo mediante el método hueco libre.

almacén ordenado
Almacén en el cual cada producto o mercancía tiene asignado un único lugar, fijo y predeterminado.

almacenamiento
Ejecución de los movimientos de entrada o salida de una mercancía en un almacén, donde se incluyen las operaciones de traslado de la misma a o desde su ubicación, carga o descarga y colocación o extracción, y la de gestión de la información inherente a su movimiento.

almacenamiento con pasillos y carretillas elevadoras contrapesadas
Sistema de almacenamiento convencional, con pasillos entre pilas o estanterías, que utiliza carretillas elevadoras contrapesadas con conductor sentado como elemento de manutención.

Almacén con pasillos y carretillas elevadoras.

almacenamiento en bloque
Sistema de almacenamiento por agrupamiento y compactación de las mer-

cancías, bien por apilado directo de las cargas o mediante su colocación en estanterías, dispuestas o no sobre palés.

almacenamiento en bloque compacto
Sistema de almacenamiento por agrupamiento y compactación de las mercancías formando pilas que se colocan unas junto a las otras, sin pasillos entre las pilas.

Almacenamiento de mercancías en bloque.

almacenamiento en bloque sobre estanterías
Sistema de almacenamiento en bloque que utiliza estanterías compactas o dinámicas para el depósito de las cargas.

almacenamiento en pilas
Sistema de almacenamiento que consiste en el apilado directo de las

unidades de carga unas sobre otras, dispuestas o no sobre palés. La capacidad de carga en altura está limitada por la resistencia de soportar cargas de la unidad inferior. Las unidades de carga más adecuadas para este sistema son las que presentan gran resistencia interna y las contenidas en envases rígidos.

Sacos apilados en un almacén.

apilar
Poner una carga sobre otra formando una o varias pilas.

cadena de suministro
Conjunto de actividades de una organización destinadas a satisfacer la demanda de productos y servicios, desde los requerimientos iniciales de materias primas e información hasta la entrega al usuario final y la recuperación de los residuos que hayan podido generarse en el proceso.

caducado
Producto que se ha estropeado o ha dejado de ser apto para el consumo, especialmente en los sectores de alimentación, laboratorios farmacéuticos y productos químicos.

campa
Espacio abierto, al aire libre y acotado, sin edificaciones, en la cual se pueden guardar ciertos productos o mercancías, por ejemplo, coches.

carga
Cantidad o conjunto de mercancía que se transporta en un vehículo o medio de transporte, o que se manipula mediante un elemento de manutención.

carga consolidada
Mercancía que junto con otras se acondicionan como una única unidad física de manipulación y circulación (sobre un palé y dispuesta en un contenedor, por ejemplo), con el fin de facilitar su expedición y transporte hacia un destino común.

carga paletizada
Mercancía colocada sobre un palé dispuesto para ser almacenado o trasla-

dado por cualquier elemento mecánico de manutención o medio de transporte.

cargar

Recoger, colocar, depositar, embarcar o poner en un medio de transporte las mercancías para transportarlas.

carretilla

Elemento de manutención usado para recoger, transportar y depositar o estibar unidades de carga (palés, contenedores, etc.) o graneles.

carretilla con pinzas

Carretilla elevadora provista de pinzas que pueden sujetar la carga por presión lateral, utilizada para la manipulación de mercancías voluminosas sin paletizar, como bobinas o bidones, por ejemplo.

Manipulación de una bobina mediante una carretilla con pinzas.

carretilla contrapesada

Carretilla elevadora de apilado, equipada con horquillas u otros dispositivos (pinzas, postes, etc.), que opera según la ley de la palanca. El punto de apoyo se corresponde con el eje de las ruedas delanteras, de modo que la carga queda equilibrada por el peso de la parte de la máquina que queda detrás de este eje. Puede estar accionada por un motor eléctrico (alimentado por baterías recargables) o bien por un motor térmico (alimentado con gas licuado, gasoil o gasolina). Puede disponer de un desplazador lateral, que reduce la cantidad de movimientos necesarios para posicionar la carga.

Carga de un camión con una carretilla contrapesada.

cliente

Persona física, empresa u organización a quien el fabricante, distribuidor o comercio venden sus productos o mercancías o servicios.

código de barras

Método de codificación de datos en el que estos se representan mediante una secuencia de barras y espacios verticales que pueden ser leídos por lectores ópticos.

consolidación de contenedores

Operación de llenado de los contenedores de transporte para su posterior expedición.

contenedor apilable

Contenedor dotado de patas o soportes que permite ser colocado sobre otro de su mismo tipo para formar una pila de almacenamiento.

contenedor de transporte

Recipiente de transporte de carácter permanente y capacidad interior no menor de un metro cúbico, capaz de asegurar un uso repetido, sin ruptura de la carga en caso de trasbordo a diferentes modos o vehículos de transporte.

Existen modelos de contenedor diseñados para cada necesidad del transporte, provistos de dispositivos que permiten un manejo adecuado, particularmente en el traspaso entre modos de transporte, y un fácil llenado y vaciado. Se utilizan cinco tamaños principales: de 45, 40, 30, 20 y 10 pies, con capacidad para mercancías con un peso de 40, 30, 25, 20 y 10 t, respectivamente. Su anchura exterior es de 8′ y la altura, de 8′6″ o 9′6″ (en cuyo caso se considera de gran capacidad).

El contenedor de carga general es el de uso más frecuente, para cargar mercancía seca y unitizada mediante palés, cajas, barriles, etc. Es estanco y cerrado, con suelo, techo y paredes laterales y de los extremos rígidos. Está dotado de puertas en el testero y se carga a través de ellas con ayuda de carretillas o transpaletas. Su anchura exterior es de 8′ y su longitud exterior puede ser de 20, 40 o 45′, y la altura, de 8′6″ o 9′6″ (en cuyo caso se considera de gran capacidad).

Contenedor de techo abierto (open top).

demanda

Pedido, petición, solicitud. Cantidad de mercancías o productos que requiere el mercado o que se requieren a un proveedor en un periodo de tiempo determinado.

desagrupar

Separar la unidad de carga consolidada.

descarga

Acción y efecto de descargar, bajar de un medio de transporte una mercancía.

desubicación

Sacar el producto o la mercancía del lugar donde está almacenado.

devolución

Retorno de un envío o material desde el cliente al proveedor.

diagrama de carga

Esquema representado mediante una placa en las carretillas elevadoras en el que se indican las cargas nominales admisibles para las distintas situaciones de manejo. El diagrama de carga permite calcular la capacidad residual de carga de la carretilla, dependiendo del centro de gravedad de la carga, de la altura a la que deba elevrse y de los implementos que lleve montados.

estacionalidad

Propiedad de una serie cronológica que toma unos valores distintos de su valor medio anual durante unos determinados periodos, en anualidades sucesivas.

estantería

Elemento modular articulado para el almacenaje de productos formado por una estructura metálica sustentada por pilares y estantes riostrados. Con ello se construye una retícula tridimensional que permite la colocación de unidades de carga en sus celdas.

Las estanterías pueden ser:

- Convencionales o *racks*.
- En voladizo o *cantilevers*.
- Compactas o *drivers*.

estantería para paletización compacta

Estantería dispuesta formando bloques con calles interiores para permitir la circulación de las carretillas y provistas de carriles para el apoyo de los palés. Estas estanterías se emplean especialmente para cargas homogéneas. Pueden ser de dos tipos: *drive-in* (conducir dentro) y *drive-through* (circular a través de).

Estantería formada por bastidores laterales, que se anclan al suelo, y vigas transversales, para el almacenamiento de cargas paletizadas o en contenedor, o de cargas destinadas a realizar la preparación de pedidos.

Estantería para cargas paletizadas.

estantería en voladizo
Estantería para el almacenamiento de cargas largas, por ejemplo, barras metálicas. Está formada por pilares de perfiles laminados, anclados al suelo y arriostrados entre sí, y provistos de ménsulas voladas de forma triangular. En el caso de mercancías ligeras, el almacenamiento y la recuperación pueden efectuarse manualmente; en caso contrario, se utilizan carretillas contrapesadas u otros elementos de manutención.

Estanterías en voladizo o cantilever.

estiba
1. Acción de colocar una unidad de carga en su ubicación en un almacén.
2. Operación de movimiento de la mercancía, mediante su manipulación, distribución y colocación adecuadas en una unidad de transporte de carga (contenedor de transporte, caja del camión, etc.) para evitar o

minimizar su posible daño, facilitar las descargas y proteger a las personas o las cosas.

europalé
Palé de cuatro entradas y de dimensiones 800 × 1.200 mm utilizado generalmente en Europa.

existencia
Cantidad disponible de un determinado producto (ítem), almacenado y listo para ser vendido, distribuido o utilizado.

extracción de unidades o picking
Fase de la preparación de pedidos consistente en la extracción de los materiales o mercancías desde el lugar de almacenaje en las cantidades solicitadas por el cliente.

flujo
Manera de representar de forma ordenada y secuencial las diferentes tareas y operaciones de un proceso en la organización.

granel
Mercancía sin envase o embalaje, generalmente referido a minerales, semillas, abonos, líquidos, etc.

horeca
Acrónimo de hoteles, restaurantes y cafeterías; también incluye las empresas de servicio de comida preparada.

horquilla
Elemento metálico usado por las carretillas y otros elementos de manutención para recoger y sustentar las cargas. Introduciéndose entre los huecos de los patines del palé permite recogerlo para su transporte.

Carretilla elevadora de gran capacidad con horquillas.

infraestructura
Conjunto de elementos físicos (instalaciones y equipos) o de servicios que se consideran necesarios para la creación y el funcionamiento de una organización.

inventario

Relación ordenada de las existencias con indicación de la cantidad disponible y valoración de cada una de ellas. Proceso de recuento y verificación del material almacenado.

ley de Pareto u 80/20

Su principio es básico y afecta a todo. A nivel general el ochenta por ciento de los efectos son consecuencia del veinte por ciento de las causas.

logística

Proceso de planificación, gestión y control de los flujos de materiales y productos, informaciones y servicios relacionados con dicho proceso. Distingue los subprocesos de aprovisionamiento, producción, distribución y de logística inversa, e incluye los movimientos internos y externos, así como las operaciones de importación y exportación.

logística de aprovisionamiento

Parte del proceso logístico referida a las actividades de compra, recepción, almacenamiento y distribución interna de insumos de productos, tendentes a posicionarlos en el momento, la cantidad y el lugar donde se necesitan.

logística de distribución

Parte del proceso logístico que abarca el flujo físico de productos terminados desde el lugar de producción hasta el de consumo. En función de la estructura organizativa en la que se integra, puede abarcar otras áreas de la logística como la previsión de ventas, la planificación de la producción, la cadena de transporte, el almacenamiento, el proceso de los pedidos, la distribución capilar, la recuperación de residuos e incluso el servicio de atención al cliente.

logística de entrada

Engloba las actividades asociadas a la recepción, el almacenamiento y la distribución interna de insumos del producto.

manipulación

Operación manual o mediante elementos mecánicos a que se someten las mercancías o los productos (a granel, de manera individual o en unidades de carga) durante la cadena logística, diferente del transporte o el almacenamiento, con el fin de realizar adecuacion, trasiegos o traslados en los trabajos de unitización, trasvase, envase o embalaje, recepción o expedición, carga o descarga, estiba o desestiba, preparación de pedidos, etc.

manutención

Operaciones de movimiento físico y almacenaje de mercancías que se llevan a cabo mediante medios manuales o mecánicos.

materias primas

Elementos básicos transformables sobre los cuales se realizan los procesos productivos hasta conseguir un producto terminado o semielaborado.

medio palé

Palé de dimensiones 600 x 800 mm, equivalentes a las de medio europalé.

mercancía

Es el elemento o producto objeto del transporte, susceptible de ser manejado, almacenado, trasladado, movido y trasladado o enviado.

mercancía cilíndrica

Mercancía que se maneja arrollada mediante un mandril, una estructura metálica o de madera, o directamente, conformando una bobina. Son mercancías cilíndricas las bobinas de

papel y cartón, las de chapa, las de cable y los rollos de alambrón.

Manipulación de mercancía cilíndrica con carretilla elevadora.

mercancía de temperatura controlada

Todo tipo de mercancía que necesite de algún sistema de control de su temperatura durante los procesos de manipulación, almacenamiento, transporte y distribución comercial. Se clasifica en: refrigerada, congelada o ultracongelada y en caliente.

mercancía húmeda

Mercancía que contiene líquidos o que por su naturaleza puede producirlos y que no está sujeta a la reglamentación de mercancías peligrosas.

mercancía laminar

Mercancía formada por láminas de materiales que pueden ser rígidos o flexibles, frágiles o resistentes. Son mercancías laminares las láminas de chapa metálica, las de plástico, las de vidrio o las de amianto.

mercancía peligrosa

Material o sustancia nocivo o perjudicial, embalado, a granel o en embalajes para graneles, que durante su transporte o manipulación puede generar o desprender residuos, humos, gases, vapores o polvos de naturaleza peligrosa, ya sea explosiva, inflamable, tóxica, infecciosa, radiactiva, corrosiva o irritante. Se deben incluir los embalajes sin limpiar que hayan contenido mercancías peligrosas.

Existen convenios internacionales que las regulan, como el Convenio ADR, el Código IMDG, las Reglas IATA DGR, el Convenio RID, el Convenio Marpol.

Las mercancías peligrosas constituyen un riesgo importante para la salud, el medio ambiente, la seguridad y la propiedad.

mercancía perecedera

Cualquier tipo de mercancía que pueda deteriorarse después de un período de tiempo determinado, o por estar expuesta a temperaturas diversas, humedades u otras condiciones adversas. Las mercancías perecederas pueden ser productos sanitarios, alimentarios e incluso de uso industrial que precisan de unas condiciones especiales, de un control técnico determinado y de unos parámetros de salubridad y de temperatura regulada para su conservación, almacenamiento, transporte, carga y descarga. Su transporte internacional se regula por el Acuerdo ATP.

mercancía refrigerada

Mercancía perecedera (verduras, carnes, fármacos, frutas, etc.) que precisa de unas condiciones especiales de mantenimiento y refrigeración a temperatura controlada, por encima de su punto de congelación, durante el período de transporte o almacenamiento.

mercancía tubular

Mercancía formada por tubos de diferente extensión y diámetro, que pueden estar fabricados con materiales rígidos (metálicos o de hormigón) o semirrígidos (plástico duro).

minorista

Agente intermediario del canal de distribución de productos o servicios que vende al cliente final o consumidor.

monoreferencia

Se aplica a embalajes con una sola referencia en el mismo.

MPS

(Master production scedule o plan maestro de producción). Reúne toda la información necesaria sobre lo que se debe producir, y cómo y cuándo producirlo, como resultado de un proceso de planificación de la producción.

MRP I

(Material requirement planning o planificación de las necesidades de materiales). Sistema de programación y control de la producción que integra los módulos del programa maestro de producción, la lista de materiales y el estado de los inventarios, para generar las necesidades de materiales de los elementos que intervienen en la fabricación, y fijar el calendario de órdenes de suministro, internas y externas.

MRP II

(Manufacturing resourses planning o planificación de recursos de fabricación). Sistema de programación y control de la producción que además de tener todas las características del MRP I, permite considerar las consecuencias de la limitación de la capacidad de producción existente.

muelle de carga-descarga

Equipamiento construido en almacenes y centros de distribución para facilitar la carga y descarga de vehículos y el acceso de las mercancías a la zona de almacenamiento. Habitualmente, el muelle de carga-descarga se sitúa al nivel del almacén, por encima de la altura de las ruedas traseras del camión, y puede colocarse de modo que quede unido al almacén y disponga de puerta de acceso, o bien se separe del almacén mediante un andén.

obsolescencia

Caída en desuso de máquinas, equipos y tecnologías motivada no por su mal funcionamiento, sino por un desempeño insuficiente de sus funciones en comparación con otros nuevos introducidos en el mercado.

obsoleto

Producto cuyo valor se ha perdido o se ha visto menoscabado a causa de un cambio de modelo, estilo o desarrollo tecnológico.

operador logístico

Es la empresa u organización de ámbito nacional o internacional cuya oferta de servicios puede abarcar las operaciones de transporte en cualquier medio, el almacenamiento y la manutención, los servicios auxiliares del transporte, el tránsito, los trámites aduanales, las funciones de distribución física, el fraccionamiento de las cargas, el grupaje, la gestión de existencias, la preparación de pedidos, el embalaje y etiquetaje, la organización de los sistemas de información y la gestión de flujos de mercancías, además de operaciones de carácter comercial como la facturación, el fletamento y otros servicios de ingeniería logística.

pale

Elemento portátil para constituir cargas unitarias, formado por una plataforma horizontal, con entrada para las horquillas de las carretillas u otros aparatos de manutención. En algunos países de América Latina se conoce como tarima. Puede ser de madera, metal, plástico, cartón, y ser reutilizable o no. Los formatos de palé más comunes son:

- ISO o americano (1.000 x 1.200 mm).
- Europalé (EUR) (800 x 1.200 mm).
- 600 x 800 (medio palé).
- 1200 x 1800 (palé marítimo).

- **Tipos de palé:**
  - Dos entradas, doble cara reversible.
  - Dos entradas, doble cara no reversible.
  - Dos entradas, cara única no reversible.
  - Cuatro entradas, doble cara reversible.
  - Cuatro entradas, doble cara no reversible.

- **Otras características:**
  - *Reversibles.* Las partes superior e inferior del palé son iguales y las mercancías pueden colocarse, indistintamente, sobre cualquiera de las dos caras.
  - *No reversibles.* Cuando las partes superior e inferior del palé son desiguales.
  - *Con pestañas.* Pueden tener salientes para fines diversos: la colocación del fleje, la sujeción de una película plástica estirable, etc.
  - *Sin pestañas.* Sin salientes.

palé americano

Palé de cuatro entradas y de dimensiones 1.000 x 1.200 mm, optimizadas para el transporte en contenedores de 20' y 40'.

palé caja

Palé generalmente apilable, con al menos tres paredes verticales enterizas o caladas, fijas, plegables o desmontables, provisto o no de cubierta.

palé de cuatro entradas

Palé cuyo diseño permite el paso de las horquillas de los elementos de manipulación por sus cuatro lados.

palé de dos entradas

Palé cuyo diseño sólo permite el paso de las horquillas de los elementos de manipulación por dos lados opuestos.

palé sobre ruedas

Palé fabricado con perfiles y alambres de acero, provisto de una estructura sobre ruedas que permite arrastrarlo a modo de remolque, pero que también puede ser tomado por las carretillas elevadoras. Puede disponer de varios niveles o estar formado por los soportes laterales. Se utiliza especialmente cuando las mercancías se han de entregar o recoger en lugares que no disponen de recursos mecánicos de carga y descarga.

paletizar

Reunir uno o más paquetes, bultos, cajas, etc., acondicionados sobre un palé, fijando la carga a este mediante flejes, cartón, madera, retractilado plástico o cualquier otro sistema de sujeción, con la finalidad de incrementar su seguridad, evitando desplazamientos internos, robos o averías.

peso máximo apilable

Peso máximo admisible en el apilamiento de un determinado producto o unidad de carga, indicado habitualmente en el embalaje por el fabricante.

prevención riesgos laborales

Es la suma de acciones y medidas que tiene por objeto prevenir, eliminar o minimizar los riesgos que están o pueden estar presentes en la actividad laboral. Cuando se habla de riesgos laborales se refiere a la posibilidad de que los trabajadores de una actividad concreta puedan sufrir un daño físico o en su salud, tanto en un futuro lejano como próximo, por el simple hecho de ejercer su trabajo. En España está regulado a raíz de la ley 31/1995 del 05 de noviembre y el resto de leyes y normativas surgidas a partir de la misma.

productividad

Es la relación entre la cantidad de productos obtenida por un sistema productivo o proceso y los recursos utilizados para obtener o realizar el producto o proceso.

producto final o acabado

Producto que ha culminado todos los procesos de producción y puede ser expedido y utilizado.

proveedor

Persona física u organización que suministra una materia, producto o servicio.

rampa modular

Estructura metálica provista de una superficie de rodadura antideslizante por medio de la cual las carretillas

Rampa modular con sistema hidráulico.

ratio

Proporción entre dos magnitudes que mantienen entre sí una determinada relación.

recepción

Tramitación administrativa a que da lugar la aceptación de la entrada de una mercancía.

renting

Arrendamiento de un bien en la modalidad de arrendamiento financiero *(leasing)* que incluye el mantenimiento del mismo.

retractilar

Acción de envolver un envase o una unidad de carga mediante un material que puede retraerse sobre sí mismo una vez se ha extendido sobre los elementos para dotarlos de una mayor protección. En ocasiones, el retractilado sirve para agrupar y unitizar diversas cargas en una unidad de carga mayor. Habitualmente, se utiliza lámina de plástico en bobina o en forma de bolsa que se

(continúa el texto de la columna izquierda superior) elevadoras pueden acceder a la parte trasera del camión para llevar a cabo la carga y descarga.

contrae al contacto con un chorro de aire caliente. El retractilado proporciona cierta seguridad contra las sustracciones, los impactos accidentales, las inclemencias del tiempo, las mojaduras y las humedades.

RFID

(Radio frequency identification data o identificación por radiofrecuencia). Sistema de almacenamiento y recuperación de datos remoto.

SaaS

(Software as a service). Modelo de distribución de *software*, en el que tanto este como los datos manejados son centralizados y alojados en un único servidor externo a la empresa. Se utilizan en la nube.

sistema ABC

Modelo de gestión basado en la ley de Pareto que clasifica en orden decreciente, A, B, C, una serie de artículos, siguiendo algún criterio.

stock

Existencias. Cantidad disponible de un determinado producto almacenado y listo para ser vendido, distribuido o utilizado.

tag

Etiqueta electrónica. Nombre que recibe la etiqueta que se adhiere a los artículos, embalajes o unidades de carga y que está provista de minúsculos chips capaces de guardar, enviar y recibir información mediante sistemas de RF y RFID.

tara

Peso de un vehículo en vacío, con sus dotaciones de recambios, combustible, accesorios y herramientas necesarias para su operatividad, sin personal de servicio ni carga.

TIR

Convenio de ámbito aduanero sobre el transporte internacional de mercancías por carretera.

TOC

(Teory of constraints o teoría de las restricciones).* Se trata de una filosofía de gestión encaminada a localizar los problemas significativos de una organización, diseñar soluciones efectivas y trazar planes operativos para su implantación.

tractora o cabeza tractora

Vehículo a motor que actúa como tractor de arrastre de un semirremolque, formando con él un conjunto articulado denominado tráiler. Dispone de una plataforma situada sobre el eje motor, denominada quinta rueda, sobre la que apoya parte de su peso el semirremolque, que carece de eje delantero.

Conjunto articulado formado por una cabeza tractora y un semirremolque.

Elemento de manutención de tracción manual que permite el arrastre de palés y plataformas mediante una pequeña elevación, ayudada por un dispositivo hidráulico, que la separa del suelo. Dispone de horquillas sobre las que se pueden adaptar dispositivos para mover distintos tipos de cargas, como bidones, bobinas, etc.

Descarga de un vehículo con transpaleta eléctrica.

Conjunto de aquellos procedimientos preestablecidos y autosuficientes que permiten conocer el histórico, la ubicación y la trayectoria de un producto o lote de productos a lo largo de la cadena de suministros en un momento dado, a través de unas herramientas determinadas.

Acción y efecto de situar o instalar un bulto o unidad de carga en determinado espacio o lugar de un almacén, mediante asignación (automática o manual). Se utilizan tres sistemas de ubicación:

- Método de hueco libre o caótico.
- Método de localización o posición fija.
- Método semialeatorio.

Proceso de agrupamiento de diversas unidades de carga fraccionada o ítems individuales en una unidad única (palés o contenedores, por ejemplo), compacta, reforzada y provista de elementos (flejes, listones, asas, etc.) que faciliten su manejo, traslado y almacenamiento de forma homogénea, sistematizada y segura.

Agradecimientos

A mi hijo Dídac por ser presente y futuro, apoyo y empuje en tiempos convulsos.

A mi pareja Rosmari, por creer, apoyar, ayudar, empujar, valorar y amar.

A mi familia y amigos por estar allí y apoyar en todo y más.

A mi padre, Antonio, que siempre estará en mi corazón y mis pensamientos.

A Jaime Mira y todas las personas de Marge Books que han hecho posible este proyecto.

Colección: Biblioteca de logística
Director: David Soler

Gestión de operaciones de almacenaje
1.ª edición, 2017
© Sergi Flamarique
© de esta edición, incluido el diseño de la
   cubierta, ICG Marge, SL
© fotografía de la cubierta: Shutterstock, Pakmor
Glosario: David Soler

Edita: Marge Books
Avda. Alcalde Moix, 28 - 08207 Sabadell
   (Barcelona)
Tel. 931 429 486 - marge@margebooks.com
www.margebooks.com

Gestión editorial: Hèctor Soler
Edición: Alba Megías, Cristina Torres
Compaginación: Mercedes Lara
Impresión: Prodigitalk, SL (Martorell, Barcelona)

Edición impresa: ISBN 978-84-16171-87-3
Edición digital: ISBN 978-84-17313-10-4
Depósito Legal: B 14641-2017

Procedencia de las ilustraciones:

Archivo Marge Books, 5.2
Atox 4l
DIA, 1.1
Etsystems, 4m
Expertia Services, 1.2
Frisomat, 2.1
Mecalux, 4.1, 4f, 4k, 5o
Schäfer, 4e
U.S. Department of Agriculture
Ulma Handling System, 5l, 7.1

 El papel empleado en este libro no ha sido blanqueado con cloro elemental (Cl_2).